中央高校基本科研业务费专项资金资助"预防性行政公益诉讼研究"（2021RCW111）

行政权力纵向配置模式研究

尹婷／著

XINGZHENG QUANLI
ZONGXIANG PEIZHI MOSHI
YANJIU

法律出版社
LAW PRESS·CHINA
北京

图书在版编目（CIP）数据

行政权力纵向配置模式研究 / 尹婷著. -- 北京：法律出版社, 2025. -- ISBN 978-7-5244-0238-1

I.D925.304

中国国家版本馆 CIP 数据核字第 2025UJ9280 号

行政权力纵向配置模式研究
XINGZHENG QUANLI ZONGXIANG
PEIZHI MOSHI YANJIU

尹 婷 著

责任编辑 陈昱希
装帧设计 鲍龙卉

出版发行	法律出版社	开本	710 毫米×1000 毫米 1/16
编辑统筹	法规出版分社	印张 16	字数 201 千
责任校对	王语童	版本	2025 年 5 月第 1 版
责任印制	耿润瑜	印次	2025 年 5 月第 1 次印刷
经 销	新华书店	印刷	北京建宏印刷有限公司

地址：北京市丰台区莲花池西里 7 号（100073）
网址：www.lawpress.com.cn 销售电话：010-83938349
投稿邮箱：info@lawpress.com.cn 客服电话：010-83938350
举报盗版邮箱：jbwq@lawpress.com.cn 咨询电话：010-63939796
版权所有·侵权必究

书号：ISBN 978-7-5244-0238-1 定价：48.00 元

凡购买本社图书，如有印装错误，我社负责退换。电话：010-83938349

目 录

导 论 ·· 1
一、研究目的 ·· 3
二、研究现状 ·· 7
三、研究视角与方法 ·· 18
四、本书结构 ··· 22

第一章 行政权力纵向配置的法治主义原理 ······················ 25
一、集权制或分权制：行政权力纵向配置的模式选择 ·········· 27
二、地方公共团体：地方分权制的组织基础 ······················ 34
三、新分权框架与原则：执行权纳入央地分权 ··················· 43
小 结 ·· 51

第二章 我国行政权力纵向配置的宪法结构 ······················ 53
一、宪法上的单一制与中央集权制之辨 ····························· 55
二、我国宪法是否规定了集权型单一制 ····························· 62
三、科层制分工与自治性分权的混同与冲突 ······················ 78
小 结 ·· 86

第三章　行政组织结构上的分工与分权 ………………… 87
　一、行政组织法上的关键概念：从法人主体到机关主体 ……… 89
　二、碎片化分工：央地关系科层化 ………………………… 112
　三、不完全分权：地方主体地位的缺失 …………………… 152
　　小　结 ………………………………………………… 158

第四章　法律实施模式选择上的分工与分权 ……………… 159
　一、谁来实施法律：动态中的政府间关系 ………………… 161
　二、我国法律实施的模式选择 …………………………… 179
　三、法律实施困境：问题与形成 …………………………… 186
　　小　结 ………………………………………………… 192

第五章　碎片化行政：以环境执法为例的讨论 …………… 195
　一、环境问题特征与环境行政权纵向配置 ………………… 198
　二、集中体制下的碎片化行政 …………………………… 203
　三、环境法律实施中的象征性执行和政治执行 …………… 212
　　小　结 ………………………………………………… 221

结　语 ………………………………………………… 223

参考文献 ……………………………………………… 227

后　记 ………………………………………………… 251

导 论

一、研究目的

中央与地方关系长期以来是公法学上最重要的话题之一。权力的集中或分散往往没有一定之规，在各个领域常常呈现反复探索的局面：既期望收到集中之功，又想获得灵活之便。然而事有一利即有一弊，权力的集中或分散在不同情境下也都各有其缺陷，错误的权力配置可能一举两失，所谓的"中央派人到地方'查卫生'，县委书记也想管银行"正是对这一局面的生动概括。① 以此现象为研究对象，吸引了来自经济学、政治学、社会学、法学等不同学科的学者，贡献了"碎片化威权"②、"控制权理论"③、"行政发包制"④、"上下分治的治理体制"⑤、"轴心辐射模式"⑥、"差序信任"⑦ 等诸多解释模型，为理解我国宪法上"中央的统一领导下，充分发挥地方的主动性、积极性"条款的实际面貌提供帮助。

本书从法学视角出发，研究我国行政权力纵向配置模式及其影

---

① 朱光磊、张志红：《"职责同构"批判》，载《北京大学学报（哲学社会科学版）》2005年第1期。

② See Lampton, D. M., *Chinese Politics: The Bargaining Treadmill*, In Changes And Continuities In Chinese Communism, 2019, p. 186-210. Routledge, Lieberthal, K. G. & Lampton, D. M. eds., *Bureaucracy, Politics, and Decision Making in post-Mao China*, Vol. 14, University of California Press, 2018; 参见 [美] 李侃如：《治理中国：从革命到改革》，胡国成、赵梅译，中国社会科学出版社2010年版；李侃如：《中国的政府管理体制及其对环境政策执行的影响》，李继龙译，载《经济社会体制比较》2011年第2期。

③ 参见周雪光、练宏：《中国政府的治理模式：一个"控制权"理论》，载《社会学研究》2012年第5期。

④ 参见周黎安：《行政发包制》，载《社会》2014年第6期。

⑤ 参见曹正汉：《中国上下分治的治理体制及其稳定机制》，载《社会学研究》2011年第1期。

⑥ 参见周振超：《轴心辐射模式：一个制度性分权长期难以推行的解释框架》，载《理论探讨》2008年第1期。

⑦ See O'Brien, K. J. & Li, L., *Selective Policy Implementation in Rural China*, In Critical Readings on Communist Party of China (p. 437-460). BRILL.

响，并非用另一种学科语言讲述同样的故事，更不是用其他学科的分析工具去解释法制问题，而是承认社会科学理论以及其背后的现实对诸如依法行政、央地分权这样影响深远的法学命题造成的挑战。之所以选择这一理论问题，主要出于以下四个目的：

首先，强调行政权力配置对中央与地方关系的影响。在对央地关系的讨论中，立法分权、财政分权处于最为核心的位置，行政权力的分配往往被认为是从属性问题。事实上，行政权力的纵向分配是各国都要面对的问题。任何国家无论规模大小都有必要分成若干行政区，以在其中处理国家事务；而这些行政区在政治上往往也是地方共同体，有独立于整体国家需求的利益。在对这些需求和利益的表达上，目前各国都在一定程度上承认立法上的分权，行政则被作为意志执行机制长时期依附于立法权力的划分。然而，在行政法研究的初期就有学者意识到行政体制上的不同安排会在实质上影响权力的分配；在地方负责实施法律的情况下，地方可以运用执行权改变代表整个国家意志的法律，使之适应地方的需要。对此，古德诺在其1900年出版的经典著作《政治与行政：一个对政府的研究》中描述了两种行政体制：① 一种是自治政府体制（local self-government），以英国和美国各州为代表。这种体制在立法上是统一的，但执行上是分散的。其理论前提是国家对组成它的地方共同体拥有主权，地方政府作为执行机关有义务执行法律，并可通过行使执行权在对地方共同体重要的问题上间接地表达地方意志，既不危及理论上的国家主权，也不必纠缠于国家与地方权限划分这一复杂问题。另一种是行政集权体制（administrative centralization），以欧陆国家（特

---

① 参见［美］弗兰克·J. 古德诺：《政治与行政：一个对政府的研究》，王元译，复旦大学出版社2011年版，第30-32页。

别是法国）为代表。在这种体制下，地方共同体往往不是执行国家法律的代理人，国家有自己独自任命和控制的执法系统，并主要通过行政实现中央对地方的控制。古德诺认为：在地方共同体执行全国性法律的体制下，一般通过统一立法实现中央对地方的控制；而在中央政府直接控制执法机构的体制下，通常会在立法上给予地方更多表达意志的空间。100余年间各国行政体制已经发生了巨大的变革，古德诺对英美与欧陆的描述与比较已不再准确，但其对行政体制的区分和强调仍然值得重视。行政权力纵向配置的模式会对中央与地方关系产生重要影响。很多领域的实证研究表明地方在法律实施上具有一定的自主性，① 行政权力的配置直接承担调整中央与地方关系的功能。

其次，强调行政权力纵向配置的不同模式会对行政权的行使产生影响。在传统的行政法框架下，无论政治与行政二分的预设，还是依法行政下"行政行为—司法审查"的结构，都对行政权力做了抽象化的假设；而较少考虑权力纵向分配结构，尽管这往往是行政运行的实际基础。例如，美国对行政法结构、正当性基础、重要原则的讨论都默认在联邦行政的层面，理论上讨论的专家理性模式、行政尊让标准也限于联邦行政的语境。② 然而，行政权的行使不仅以组织为载体，其本身也处于一定的组织结构之中，受组织结构的影响和限制。不同的行政权力配置模式构成了不同的行政组织结构，且这种来自组织结构的影响难以通过优化法律设计、提高执法者素质、增加执法资源等外在条件改变，以至于无法单独通过加强内部控制或外部控制的方式加以纠正。根据结构耦合理论，不同的

---

① 程金华、柯振兴：《中国法律权力的联邦制实践——以劳动合同法领域为例》，载《法学家》2018年第1期。

② See Davidson, N. M., *Localist Administrative Law*, Yale LJ, 126, 564.

社会子系统在运转中保持自治，一个系统发出的控制信号只有转译成另一系统的操作指令才会被遵守，但转译过程中有的控制信号会变得完全无法识别，只有通过在系统内部创设机制再生出与受控子系统相同的运转方式，实现结构耦合，才能降低扭曲使系统间有效地相互影响。① 行政权的有效行使及控制，同样依赖于行政机关自身的结构和内部控制能够与外部社会环境的运转方式相协调。不同的行政组织结构与责任机制不能与外部政治系统实现耦合，会损害控制与激励机制的效用。

再次，从解释论的角度讨论行政集权下权力下放和地方分权两种权力纵向配置模式，指出两者最大的差别不在权限划分而在组织形式。我国宪法对地方人民政府同时作为地方人大执行机关与国家行政机关的定位，使各级政府间既有明显科层分工关系又有一定的分权倾向，以至于我国的行政体制既不能完全划为行政集权制也不能划为行政分权制。不同于政治效果上的集权与分权，法律意义上的集权制与分权制不再是程度上的概念，而分别对应不同的组织形式，遵循不同的运行逻辑。制度上的杂糅势必引发运行中的冲突。本书通过分析这种冲突在行政组织结构、法律实施过程和具体行政领域中的反映，为"中央坐收集权之名，而地方行滥权之实"的现象提供解释。

最后，从规范立场出发，指出地方分权是行政权力纵向配置的法治主义模式，具有权责清晰的优势。而权责清晰是行政权力合理配置的核心，"只要权力并不是不负责任的，它就没有危险性。如果权力被加以分解，使得许多人各享一份，那它就会变得模糊不清。

---

① 关于结构耦合理论在法学上的应用，参见［德］卢曼：《社会的法律》，郑伊倩译，人民出版社 2009 年版，第 232-235 页。

如果权力是模糊不清的,那它就变得不负责任了"[①]。我国目前混合型的权力配置模式以及由此导致的碎片化分工,可能破坏政府作为一个整体对外负责的能力。地方分权首先要求承认地方法律上的主体地位,由在法律上具有独立人格、组织上相对自主的地方公共团体对行政上的自治事务对外承担责任;其次在中央与地方的分权框架中纳入对行政的考量,区分中央立法并执行事项、中央立法地方执行事项(委办事项)、地方自治事项,在不同类别的事项中分别讨论行政主体间的指挥、监督、合作关系。

二、研究现状

我国行政权力纵向配置模式及其影响是政治学、经济学、社会学、法学等众多学科聚焦的问题,研究起步较早,成果非常丰富。虽然因专业分殊而产生学科内部自我生产、自我指涉等问题,使不同学科间的学术交流与积累变得困难;但对同一问题不同视角的考察仍能收到移步换景的效果,有助于展现问题的全貌。故而本书在回顾对此问题的重要法学研究之外,也会对其他学科相关的研究进行介绍。

法学领域特别是宪法学领域对我国行政权力纵向配置模式的研究主要有两个特点:一是主要以规范性研究为主,二是一般将其作为中央与地方关系研究的一部分。这方面的研究很多,仅举有代表性的几例作为说明:刘小兵在《中央与地方关系的法律思考》一文中指出我国中央与地方关系上,应从计划经济时代的行政分权制走向市场经济条件下的法律分权,并建议制定中央与地方关系法,通

[①] [美]伍德罗·威尔逊:《行政之研究》,载[美]弗兰克·J. 古德诺:《政治与行政:政府之研究》,丰俊功译,北京大学出版社2012年版,第236页。

过直接列举中央政府与地方政府的职权来明确权限。① 陈新民在《论中央与地方法律关系的变革》一文中考察了民主集中制原则下地方分权的容许性问题以及法治原则对地方分权的要求和具体方案。② 杨海坤、金亮新在《中央与地方关系法治化之基本问题研讨》一文中从中央与地方关系视角考察了地方自治在宪法下的实行空间以及垂直管理体制与地方自治的冲突与协调。③ 这些讨论都把我国行政权力的纵向配置放入中央与地方关系的框架中，很少单独讨论行政与行政权，而是更加重视宏观规范层面中央与地方关系的基本模式、基本原则、基本制度、权限划分标准。鉴于中央与地方关系是宪法学上最重要的议题之一，很多系统性研究能够为思考我国行政权力纵向配置模式提供规范框架，如熊文钊主编《大国地方——中央与地方关系法治化研究》④，石佑启、陈咏梅所著《法治视野下行政权力合理配置研究》⑤，王建学所著《作为基本权利的地方自治》⑥，俞祺所著《央地关系中的立法》⑦ 等。但在中央与地方关系的研究视角下，处于讨论核心的是中央与地方的权限划分，行政组织的形式和结构并未受到充分重视。然而，以权限为核心的规范设计通常难以在具体方案上取得共识，如有学者认为"在全国政府和地方政府之间应当有适当分权，这看起来是共识，但是对如何在两者之间分

---

① 参见刘小兵：《中央与地方关系的法律思考》，载《中国法学》1995年第2期。
② 参见陈新民：《论中央与地方法律关系的变革》，载《法学》2007年第5期。
③ 参见杨海坤、金亮新：《中央与地方关系法治化之基本问题研讨》，载《现代法学》2007年第6期。
④ 参见熊文钊主编：《大国地方——中央与地方关系法治化研究》，中国政法大学出版社2012年版。
⑤ 参见石佑启、陈咏梅：《法治视野下行政权力合理配置研究》，人民出版社2016年版。
⑥ 参见王建学：《作为基本权利的地方自治》，厦门大学出版社2010年版。
⑦ 参见俞祺：《央地关系中的立法》，北京大学出版社2023年版。

权……必须根据中国的实际情况,充分考虑多方面因素,不是完全靠理论'设计'所能解决的"①。

在中央与地方关系之外,对行政权力纵向配置模式及其影响的专门研究则主要集中在行政组织法领域。特别是经过行政主体概念引进中对诉讼主体模式取代分权主体模式的批判,②研究者逐步认识到分权主体模式是对现实中地方分权与公务分权的确认和保障,移植到我国发生的变异主要是由于分权制尚未成为我国的制度现实,并进而探讨我国行政权力纵向配置的实际面貌。薛刚凌在《论府际关系的法律调整》一文中认为"我国目前的地方制度可以概括为有限行政分权制,即地方作为国家的分治区存在,没有独立的法律地位,但又有一定程度的分权,只是地方分权不充分,缺乏法律保障",并指出行政组织的设置与关系是目前中央与地方关系的首要问题。③ 对此,行政法上的讨论主要从三个角度展开。

第一,从具体的行政管理领域特别是执法领域出发,通过分析行政权力配置中的结构性问题,解释执法困境。例如,何艳玲在《中国土地执法摇摆现象及其解释》一文中对土地执法中有效执法和执法失灵交替存在的"执法摇摆"现象,提出"嵌入式执法"的概念,认为执法部门嵌入集中体制及其建构的中心工作中,集中体制目标取代其职能目标,导致执法结果的不可预期。④ 所谓的执法部门

---

① 王振民:《中央与特别行政区关系:一种法治结构的解析》,清华大学出版社2002年版,第137页。
② 参见吕友臣:《"行政主体理论"评析》,载《研究生法学》1998年第2期;薛刚凌:《我国行政主体理论之检讨——兼论全面研究行政组织法的必要性》,载《政法论坛》1998年第6期;章剑生:《反思与超越:中国行政主体理论批判》,载《北方法学》2008年第6期。
③ 参见薛刚凌:《论府际关系的法律调整》,载《中国法学》2005年第5期。
④ 参见何艳玲:《中国土地执法摇摆现象及其解释》,载《法学研究》2013年第6期。

嵌入集中体制即讨论我国独特的职能部门与地方政府关系问题，特别是这一关系对法律实施的影响——能否成为政府的中心工作决定执法效果。类似的研究还有：甘霆浩指出基层执法部门"保护性执法"的行动逻辑，即尽管在土地行政系统中进行了垂直管理改革，基层执法部门仍然在资源上高度依赖地方政府，并在地方政府的压力下有"自我保护"的需要。① 这些研究立足于具体的执法领域，强调目前的行政组织结构对法律实施的影响，共同的观点是执法部门受制于地方政府是法律实施困境的重要成因，并倾向于得出通过"去地方化"强化国家能力的观点。然而，"地方化"为何会与有效执法发生冲突，执法困境是否源于中央对地方的过度控制或控制不足，以及其所讨论的"嵌入式"组织结构的成因、普遍性和正当性等问题都有待于进一步讨论。

第二，从事权划分的角度讨论特定领域事权分配与行政组织结构的不相适应。其中，最具代表性的是余凌云对警察权划分的研究。② 余凌云在《警察权的央地划分》一文中以公安事权划分为例讨论纵向分权问题。尽管关于事权划分的讨论"铺天盖地，积厚流广"，但该文在此领域仍有三点贡献：首先，在对事权的界定上，超越了具有"浓厚财政色彩"的支出责任定义，提出了"各级政府在公共服务提供方面的责任划分"的定义，表明财政分配仅是中央与地方间的事权分配的一部分，更重要的问题是如何协调不同层级政府间的关系，实现地方的良好治理。其次，明确提出应该把要划分的"事权"解构为"立法事权"与"行政事权"两个不同维度，突

---

① 参见甘霆浩：《资源依赖与保护性执法：基于基层土地执法机构运作的解释》，载《思想战线》2017 年第 4 期。

② 参见余凌云：《警察权划分对条块体制的影响》，载《中国法律评论》2018 年第 3 期；余凌云：《警察权的央地划分》，载《法学评论》2019 年第 4 期。

破了对中央与地方立法权二元划分下行政权分配从属立法来源的模型，既更能反映我国行政权力纵向配置的实际面貌，也提出了适当扩大地方行政事权的两个路径。最后也是最重要的，该文指出行政事权划分与行政组织关系之间的内在联系，① 并在《警察权划分对条块体制的影响》一文中对此进行了专门讨论，并把行政组织运行过程中遭遇的困境归咎于事权划分，而其可商榷之处也主要在这一部分。《警察权划分对条块体制的影响》认为，条块体制运行中产生的问题很大程度上源于事权在中央与地方之间划分不清。该文对我国"条块体制"的分析引入了周黎安的"行政发包制"和周雪光的"权威体制与有效治理"理论作为工具，同时又保持了法律学者对规范问题的敏感。文章认为，在"以块为主"的治理模式下，行政事务和行政职责有不断下沉的趋势；同时在中央集权的体制下，立法权、决策权和监督权又倾向于上收，地方政府的治理权在事实上受限。② 由此产生的问题在中央集权体制下只能通过加强职能部门的统一领导来解决，而"统一领导""不区分中央与地方事权"又会在实践中产生"一刀切"、运动性、不效率等一系列问题，事权在中央与地方之间的非制度化是条块体制运行产生问题的主要原因。③ 尽管余凌云的两篇文章在逻辑衔接上非常严密，但从"事权分配与行政组织结构的不相适应"这一现象得出重新调整事权划分的结论仍有

---

① 余凌云在总结来自公安系统的建议和提出对公安事权划分观点之后，认为"最有价值的就是对公安机关上下级关系的批判性反思"。参见余凌云：《警察权的央地划分》，载《法学评论》2019年第4期。

② 对此，余凌云在另一篇讨论《行政许可法》、《行政处罚法》和《行政强制法》的文章中认为，地方立法权不足阻碍了地方的有效治理，呼吁地方立法能力的适度释放。可见，其对这一问题的讨论并不局限在警察权和公安管理体制上。参见余凌云：《地方立法能力的适度释放——兼论"行政三法"的相关修改》，载《清华法学》2019年第2期。

③ 这一结论回应了《警察权的央地划分》一文的写作动机，两文在逻辑上有明显的关联。参见余凌云：《警察权的央地划分》，载《法学评论》2019年第4期。

商榷余地。本书认为，前文讨论的事权分配问题，除了部分可归因于"立法事权"与"行政事权"不分、中央与地方事权划分晦而不彰等立法技术问题外，主要还是受制于行政组织的结构缺陷，即事权在中央与地方之间的非制度化并非条块体制运行不畅的主要原因，而是条块体制运行产生的自然结果。例如，余凌云对立法中公安事权的划分进行详尽梳理后认为，实践中事权划分的首要特征是事权划分清晰的领域多集中在"组织管理""内部关系"上，而对外的职责分工则语焉不详。但后者显然更具规范意义上的重要性，且目前理论讨论也主要围绕后者，并贡献出大量的划分标准以致对此的讨论空间甚至"已近枯竭"。① 之所以出现这一局面，正是因为我国行政组织结构的特征，即强调组织间的科层关系，重视科层权力，忽视组织间的分权关系、没有清晰区分根据内部关系而分配的机关权限与由法律确定的不同性质的权力。余凌云之所以未对行政组织结构的问题详加检讨，而仅强调调整事权分配，主要原因在于默认我国目前"单一制与中央集权"的体制；② 而中央集权制下的权力下放是不是我国宪法所确认的制度以及其与地方分权制的关系则是本书要讨论的重点。类似思路的还有王敬波讨论城市管理行政执法局行使相对集中行政处罚权的改革的文章。王敬波认为"城市管理行政执法局行使的就是本级政府赋予的权力，不是哪个上级部门赋予的权力"，并把中央与地方的事权划分作为突破条块体制的重点。③ 这些分散在不同行政领域的研究注意到不同层级政府、职

---

① 参见余凌云：《警察权的央地划分》，载《法学评论》2019年第4期。

② 在《警察权的央地划分》一文中多次强调"单一制和中央集权"的现实，而对这一现实的具体反思可见于余凌云另一篇文章对"分权主体模式"的批评中。参见余凌云：《警察权的央地划分》，载《法学评论》2019年第4期；余凌云：《行政主体理论之变革》，载《法学杂志》2010年第8期。

③ 参见王敬波：《相对集中行政处罚权改革研究》，载《中国法学》2015年第4期。

能部门与政府、职能部门上下层级之间的关系,但沿袭了政治学、社会学对政府间科层关系的经验描述,对行政组织结构反而缺乏规范视角的评价;对行政权力的规范讨论又集中于对外事权分配,较少地关注行政组织内部或行政组织之间的关系。

第三,从行政自制或内部行政法的角度谈行政组织间的纵向关系。崔卓兰在2008年提出行政自制概念之后,[①] 行政组织内部的自我控制、自我约束成为行政法学关注的重要话题。[②] 在此之后,围绕行政自制或内部行政法的概念及制度进行了一系列的讨论。[③] 这些研究重视行政组织内部的控制机制,往往涵盖了纵向关系中的各种控制机制,为研究我国行政权力纵向配置模式提供了大量的材料。但行政自制导向的研究往往对行政组织间的纵向关系做出比较单一的假设,即一体下的科层关系;这并不能全面地反映现实。在科层关系的预设下,自制理论注重行政组织内部的命令服从关系,忽视了为了实现权力的最佳配置而改变或克制命令服从关系的分权模式。

综上所述,在法学领域,行政权力纵向配置问题虽常被论及,但对其具体模式及影响还没有专门、完整的研究。现有研究总

[①] 参见崔卓兰、刘福元:《行政自制——探索行政法理论视野之拓展》,载《法制与社会发展》2008年第3期。

[②] 在此之前受"行政行为—司法审查"这一行政法的传统理论框架的影响,对行政组织内部控制的研究较少,具有代表性的有关保英:《论行政权的自我控制》,载《华东师范大学学报(哲学社会科学版)》2003年第1期;尚海龙:《论行政自我拘束原则》,载《政治与法律》2007年第4期。

[③] 参见崔卓兰、刘福元:《行政自制的可能性分析》,载《法律科学》2009年第6期;于立深:《现代行政法的行政自制理论——以内部行政法为视角》,载《当代法学》2009年第6期;崔卓兰、于立深:《行政自制与中国行政法治发展》,载《法学研究》2010年第1期;卢护锋:《行政自制理论的功能分析》,载《当代法学》2011年第3期;崔卓兰、杜一平:《行政自我评价法律制度探究》,载《行政法学研究》2011年第4期;刘福元:《行政自制:探索政府自我控制的理论与实践》,法律出版社2011年版;崔卓兰:《行政自制理论的再探讨》,载《当代法学》2014年第1期;章剑生:《作为担保行政行为合法性的内部行政法》,载《法学家》2018年第6期。

体上呈现出的特征是：（1）宪法学视角与行政法学视角各有偏向。宪法学关注中央与地方关系框架下的权限划分，行政法学关注行政权的行使与控制，二者的关系常被忽视。（2）经验性研究和规范性研究相分离。经验性研究深入具体的行政领域重视科层关系及其影响，规范性研究关注权力的性质和归属问题。

在法学研究之外，不能忽视的是其他学科对同一现象卓有成效的研究。我国纵向的政府间关系及其对权力行使的影响一直是政治学、社会学等众多学科的关注热点，不同学科的学者提出了众多解释模型，如曹正汉提出的"中央治官，地方治民"的模型，周黎安提出的"行政发包制"的模型，周雪光提出的"控制权"的模型。

曹正汉以"上下分治的治理体制"概括我国行政体制在纵向上的特征。这种解释注意到政府对外管理与内部自制两种不同职能的差别，并认为中央政府主要承担行政自制职能，即所谓的"治官权"，包括选拔、监督和奖励官员的权力，而地方政府主要承担具体的行政管理职能，即所谓的治民权；这种分配模式有分散执政风险和自发调节集权程度的功能。[①] 这一解释模型区分了政府作为对外管理者和对内控制者的两种身份，但对这两种身份的界定在描述意义上并不准确。静态的"中央治官，地方治民"的概括不符合我国行政权分配的现实；因为不仅中央政府直接承担行政任务，地方政府也发挥行政自制的作用。同一行政机关既是管理者又是控制者才是我国行政体制的典型特征，管理者与控制者的合一比"治官权"与"治民权"的分离更贴近我国行政权力的实际运行。此外，"上下分治的治理体制"认为"治官权"与"治民权"的分离能够起到分散

[①] 参见曹正汉：《中国上下分治的治理体制及其稳定机制》，载《社会学研究》2011年第1期。

治理风险的作用,[①] 并将其作为中央政府向地方政府分权的首要考虑因素,即"分治"的主要目的是分散责任。然而,在概括性授权的模式下,行政责任很大程度上替代了政治责任,但并不能消解政治责任,还会有将政治责任向上集中的倾向。

与"上下分治的治理体制"这一解释模型相比,"行政发包制"模型以属地化管理与行政逐级发包解释行政组织内部职责与职权的分配。其中属地化管理指的是中央政府政策的实施依赖地方政府,这部分是由于历史上"治事之官"与"治官之官"区分形成的路径依赖,[②] 部分是由于我国长期处于农业社会,幅员广阔、社会流动性较低、行政任务简单便于实现属地管理而遗留的传统。[③] 在属地化管理的基础上,上级政府将具体的行政事务逐级发包给下级政府,不同层级政府间形成类似委托—代理的关系,委托人通过以结果为导向的考核对代理人进行控制。"行政发包制"模型在运行上的特征包括:内容指令逐层向下传递;"承包方"只对直接的上一级负责;逐级发包的任务最终落在最基层的承包方,中间的链条主要功能在于传递指令和监督执行。[④] "行政发包制"模型与"上下分治的治理体制"模型同样关注行政组织内部上级政府掌握控制权前提下行政任务下沉的现象,展现了控制权与管理权之间的动态转化,比"中央治官,地方治民"的描述更符合行政权分配的现实。然而

[①] 在这一理论中,治理风险主要包括社会风险和代理风险两类:前者是来自民众抵抗的统治风险,后者是来自地方分离倾向的统治风险。参见曹正汉:《中国的集权与分权:"风险论"与历史证据》,载《社会》2017年第3期。

[②] 参见瞿同祖:《清代地方政府》,范忠信、晏锋译,法律出版社2003年版,第29页。

[③] 参见周黎安:《转型中的地方政府:官员激励与治理》,格致出版社、上海人民出版社2008年版,第57-58页。

[④] 参见周黎安:《转型中的地方政府:官员激励与治理》,格致出版社、上海人民出版社2008年版,第64-65页。

"行政发包制"模型中强调"发包"特点,"行政"机制则隐而不见;特别是将"行政发包制"与科层制相对立,忽视了其运行本身依赖科层体制这一特点。[1]"行政发包制"理论对行政权分配的论述中强调概括性授权的情况下,下级政府作为承包人享有大量的自由裁量权或称为实际控制权,并将其作为与一般的科层制区别的标志。[2] 通过借用哈特对私有企业提供公共服务的模型将下级政府类比于"私有企业",[3] 并对政府行为报以理性经济人的预期。这种定位既忽视了政府受到的政治约束与法律约束,又不恰当地带入了竞争性企业自由缔约的前提。发包制中发包人的所有权是管理权和控制权的来源,承包人仅需对具有所有权的发包人负责;而在国家行政的语境下,即使存在法律概括性授权的情况,被授权的行政主体不仅要对上级负责,还要对外承担法律责任与政治责任。与规范研究中仅重视依法行政的逻辑而忽视行政组织间的互动关系相比,"行政发包制"对政府行为逻辑的预估仅考虑了来自行政内部的压力,而没有考虑其所受到的外部约束。无论是作为发包方的政府还是作为承包方的政府都难以与私人企业相比,委托—代理的模式对行政组织间的关系做了过度简化,忽视了行政组织的活动应该嵌含在复杂责任体系之中。

"控制权"模型同样针对纵向层面政府的管理权和控制权的冲突与转化,以及由此导致的各行政领域时常出现的互相矛盾的政府行为和角色。例如,一方面,压力体制下上级政府向下施压、层层加

---

[1] 参见周雪光:《行政发包制与帝国逻辑 周黎安〈行政发包制〉读后感》,载《社会》2014年第6期。

[2] 参见周黎安:《行政发包制》,载《社会》2014年第6期。

[3] Hart, O., Shleifer, A. & Vishny, R. W., *The Proper Scope of Government: Theory and an Application to Prisons*, The Quarterly Journal of Economics, Vol. 112: 4, p. 1127–1161 (1997).

码；另一方面，下级政府采用各种应对策略和共谋手段作为回应。与中央政府—地方政府的静态划分相比，上级政府—下级政府仅是相对概念，同一机关在不同角色下会采取完全相反的行动逻辑。[①]"控制权"理论指出这种现象是一统体制和有效治理之间的紧张关系下控制权分配的不同模式引发的，行政组织所扮演的角色并不是一成不变的，而是随着控制权分配方式变化而变化，并由此形成高度关联型、发包制、松散关联型、联邦制等不同的治理模式。[②]"控制权"模型的优势在于不再把对内控制权和对外管理权分属于中央政府与地方政府，既意识到了控制权与管理权的合一，还指出了控制权与管理权转化的不同模式。较之于"行政发包制"模型，"控制权"模型能够更准确地描述不同情境下行政组织间的互动关系，认为以目标设定为核心的发包制仅是部分行政领域中的现象，并会根据情况向更为紧密的动员模式或更为松散的联邦模式进行转化。在理论构建上，"控制权"模型借鉴了经济学上不完全契约理论，并以此解释政府内部的权威关系；在其理论框架下，中央政府处于类似所有权人的地位，不仅是控制权的来源，也是管理权分配的基础。

就目前社会科学领域对行政权力纵向配置问题研究而言，以上三种解释模型最具影响力和代表性。这三种模型都在一定程度上区分了行政机关对外的管理权和对内的控制权，并以"委托—代理"关系的视角研究政府间的纵向关系。这种路径有明显的经济学渊源，把某种形式的所有权作为管理权的来源，而控制权则产生于对管理权分配和监督的需要，所有权的一体是纵向分工的基础。在经

---

① 参见周雪光：《基层政府间的"共谋现象"——一个政府行为的制度逻辑》，载《社会学研究》2008年第6期。

② 参见周雪光、练宏：《中国政府的治理模式：一个"控制权"理论》，载《社会学研究》2012年第5期。

济组织中，"委托—代理"问题基于所有权和经营权的分离，围绕着谁享有最终利润或承担可能损失，产生了所有者如何控制经营者的问题。[①] 这一问题的产生以自由缔约的市场环境和竞争性企业为前提。西方制度经济学最早将"委托—代理"理论引入政府研究之中，把政治组织如政党、利益集团、代议机构作为代理人，委托人则是外部公民，前提在于代议关系中决策权与权力基础的分离与公司治理的两权分离有相近之处。在对我国行政体制的研究中，往往将中央政府或上级政府作为委托人，研究控制权与管理权在行政机关内部的分配，前提是预设了单一制国家地方政府的权力由中央政府授予。然而，行政组织实际所处的环境要比这种预设更为复杂：如果说计划经济体制下国家与社会一体化，行政权与管理权趋同，对外的管理行为和对内的管理行为不需要做明确区分；那么，在国家和社会有明确区分的情况下，行政组织可能会同时受到来自法律、行政命令、专业准则和政治的约束，处于一系列的责任链条中，特别是随着单一制向多元发展，上级政府也不是下级政府唯一的委托人。这是目前社会科学领域的研究缺乏关注之处。

三、研究视角与方法

不同的研究视角意味着不同的问题意识，解释、评价、规范三种研究视角分别对应何以如此、是否正当、应该如何这三个问题。其中，社会科学一般更重视第一个问题，强调用科学的方法解释现象或行为，核心问题通常是"为什么"。法学研究一般更重视评价与规范。其中，价值评价强调正当性，可以简化为"好不好"的问题；规范分析回答"怎么办"的问题，既有法律释义的一面，也有制度

[①] 参见［德］柯武刚、史漫飞：《制度经济学：社会秩序与公共政策》，韩朝华译，商务印书馆2000年版，第317页。

工程的一面。不同的研究视角既不宜混同和杂糅也不宜相互取代，而需要在区分的基础上进行结合。

在严格区分实然与应然的法学理论中，研究被限定为现有规范框架内的逻辑演绎，教义阐释的任务只能通过逻辑来实现。这种研究进路基于本学科的功能和立场在方法论上进行自我限制，对于学科建构及其独立性自然有重要的意义。但以真实世界为对象的研究，特别是对中央与地方关系的研究从来不止于法学。不同学科、不同视角研究的结合不仅有助于准确把握研究现象，更重要的是避免要求不可能之事。具体到解释政府行为，不仅基于规则和法律，也基于组织结构；解释不同组织结构及其运行逻辑对任何规范性研究而言都是重要且必要的前提。故而，本书希望调和解释、评价、规范三种研究视角，在对目前我国行政权力纵向配置的现实情况进行解释的基础上，对不同的模式进行评价，并提出规范上的问题与建议。

研究视角的融合也意味着方法上的多元，本书在研究方法上有以下几个特点：

第一，科际整合的方法。行政权力的纵向配置问题从不只是一个法学问题，而是吸引了经济学、政治学、社会学、管理学等众多学科的讨论，对这一问题的研究有必要调和不同学科的视角。例如，政治学对条块体制、压力体制运行特征的梳理，经济学上行政发包制的解释框架，社会学上对一统体制和有效治理矛盾的分析，都有助于认识我国行政权力在中央与地方之间实际分配的情况和现实问题，为相关的法学研究提供了丰富的素材和可供借鉴的分析框架。逻辑上，实然中不能推导出应然，社会科学研究对现实的解释也不能直接回答规范问题，但对社会现实的准确把握有助于我们关注与提出正确的规范问题。

第二，比较研究的方法。行政权的纵向配置是各个国家在不同阶段都要面对的问题，不同国家贡献出不同的解决方案。特别是随着行政疆域的拓展、行政作用的日益凸显、行政权力的不断扩张，行政成为调试中央与地方关系的重要场域。全国性政府面对远距离治理的现实，如何将统一的政策与分散的实施相结合，既使法律得到平等地实施，又能利用和适应不同地区的资源禀赋尽可能地维护地区的自主性，成为一个难题。不同行政体制面对这一问题都在不断地调整，展现出巨大的弹性。这一方面使联邦制和单一制在一定程度上仅作为象征性的名词；另一方面也丰富了联邦制和单一制的内涵，诸如合作联邦主义[①]、行政联

[①] 在美国，联邦政府和各州政府在各自事务范围内执行法律的二元联邦制（dual federalism）已让位于注重联邦政府与各州政府间合作关系的合作联邦制（coopertive federalism）。1950年爱德华·科温（Edward Corwin）在《二元联邦主义的衰落》中开始使用"合作联邦主义"（cooperative federalism）一词，文章描述了经过两次世界大战、经济危机和科技进步等一系列社会变迁后政府角色的变化；在宪法上，对权利的宪法（无论是州还是个人）的关注开始让渡于权力的宪法；在联邦系统内部权力向全国性方向集中。See Corwin, E. S., *The Passing of Dual Federalism*, Va. L. Rev., 36, 1.

1959年丹尼尔·埃拉扎尔（Daniel Elazar）在其博士论文中详尽地考察美国联邦制在19世纪的发展，认为二元联邦制作为一种解释性理论已经无法准确地描述美国联邦制的实际运转情况，并对联邦政府与州政府的合作关系进行了系统地论述。其博士论文后来以The American Partnership 为题出版。See Elazar, D. J., *The American Partnership: Intergovernmental Co-operation in the Nineteenth-century United States*, University of Chicago Press, 1962. 埃拉扎尔对美国联邦制进一步的研究可见 Elazar, D. J., *American federalism: A View from the States*, Crowell.

尽管埃拉扎尔的合作联邦主义是描述19世纪在大量联邦项目、联邦资助中的联邦政府与州政府的合作互助关系；合作联邦主义作为一种联邦制理论却是从20世纪中期开始成为主流理论，并回应战后市场失灵、平权运动、环保运动等一系列社会议题。而从20世纪70年代开始，随着联邦规制的发展，通过联邦政府的财政刺激换取各州合作的做法开始受到其他联邦规制手段的挑战，强制型联邦制在联邦制理论上受到越来越多的关注。See Kincaid, J., *From Cooperative to Coercive Federalism*, The Annals of the American Academy of Political and Social Science, Vol. 509: 1, p. 139-152 (1990).

邦主义①、地方自治行政理论都得到了更多的关注与讨论。

第三，社会实证与分析实证相结合。在价值、规范、事实构成的框架中，对规范和事实的研究都是一种实证研究，分别对应着分析实证（逻辑实证）和社会实证（经验实证）。其中，规范实证立足于解释论，聚焦司法的同时涵盖立法领域，强调语义以及逻辑方法的运用和展开。社会实证则将视野投入更为广阔的法律运行空间，结合历史背景、社会事实、具体经验理解行动中的法律。行政权力纵向配置是一个极具实践意义的话题；对其研究既要重视对宪法、法律规范的阐释，又要基于现实的组织结构、政府间的互动关

---

① 行政联邦主义针对行政规制领域联邦规制机构与各州合作关系作出更进一步的阐释。这一领域的研究大致从三个角度展开。

一是探讨联邦规制机构与各州在执法上合作的方式，如罗德里克·希尔（Roderick Hills）在《合作联邦主义的政治经济学》中指出，德国行政联邦制下赋予非联邦政府（non-federal government）执行联邦法律的权力在事实上增强了各邦的权力，并以此反驳二元联邦制下出于尊重各州自主权只能由联邦机构执行联邦法律的论断。See Hills Jr, R. M., *The Political Economy of Cooperative Federalism: Why State Autonomy Makes Sense and Dual Sovereignty Doesn't*, 96 Mich. L. Rev. 813 (1997).

二是探讨如何在规制框架内推进联邦价值（大部分讨论集中在州的自主权），如各州参与规制机构规则制定、对规制机构先占（preemption）的限制。凯勒（Keller）认为联邦行政规制会削弱州的自主权，要在行政法框架内保障联邦主义。See Keller, S. A., *How Courts Can Protect State Autonomy from Federal Administrative Encroachment*, 82 S. Cal. L. Rev., 45 (2008). 门德尔松（Mendelson）认为，与立法和司法机构相比，规制机构更少受联邦主义价值的约束，因此在其行使先占的案件中法院不应使用谢弗林尊让标准。See Mendelson, N. A., *Chevron and Preemption*, 102 Mich. L. Rev. 737 (2003).

三是探讨各州与规制机构的合作对行政正当性以及横向分权的影响。如米利亚姆·塞弗特（Miriam Seifter）在《州、机构和正当性》中认为各州通过各种正式、非正式程序在联邦规制机构政策发挥越来越重要的作用，这种发展对行政正当性理论产生影响。长期以来对行政机关政策制定权力有传送带模式、专家理性模式、利益代表模式、总统控制模式四种合法化路径。各州参与联邦规制机构政策制定对这些合法化模式构成了挑战。See Seifter, M., *States, Agencies, and Legitimacy*, 67 Vand. L. Rev. 443 (2014). 大卫·鲁宾斯坦（David Rubenstein）在《作为分权机制的行政联邦主义》中认为各州对规制政策的参与，在内部制衡上能够增强规制机构的专业性，在外部制衡上能够弥补总统控制模式和国会控制模式的不足。See Rubenstein, D. S., *Administrative Federalism as Separation of Powers*, 72 Wash. & Lee L. Rev. 171 (2015).

系将宪法、法律规范与社会现实的发展对照结合。

四、本书结构

本书讨论的行政权力的纵向配置，既包括具体行政事权的分配——行政任务和对外治理责任的确定，也包括与内部控制权不同分配方式相联系的组织结构以及相应的领导、监督、合作关系。本书从这两个角度进行考察，认为我国目前的行政权力纵向配置模式在规范上表现为不完全的行政分权，在实践中则表现为集权制下的权力下放。政府间的分权关系与行政机关间的分工关系相杂糅，在组织上体现为条块分割，在权限上体现为概括性授权，在法律实施模式上体现为集中制下的分散式实施，在整体上呈现出碎片化行政的特征。

本书的主体分为五个部分。

第一章先介绍在传统分权理论下行政权力纵向配置被忽视的原因以及在行政功能和疆域不断扩张背景下行政权力纵向配置的影响与意义。接着具体讨论集权制下的权力下放和分权制下的地方分权这两种典型的纵向权力配置方式，指出与在行政组织内部根据科层制原则展开的权力下放相比，行政分权表现为公法人的多元化，是纵向权力配置的法治主义模式。

第二章考察我国宪法对行政权力纵向配置的规范特征，指出宪法对不同层级政府间法律关系的规定难以完全划入分权型单一制或集权型单一制的典型模式，而是呈现出科层关系与分权关系并存、混同的面貌。地方政府的双重属性为分权制预留了空间，但"地方"作为团体的观念缺失又使分权缺乏组织上的保障，同时在科层原则的作用下行政集权一直作为一种更有力的倾向。

第三章从静态结构的角度出发，分析行政组织建构上的分工关系与分权关系。在组织法概念上，"机关主体"取代了"法人主体"，公法人制度的自治与分权功能被忽视。在行政组织的建构中，"纵向分权"没有被作为组织原则，宪法上的分权意图难以真正实现。条块体制更强化了中央与地方之间的科层关系。同时由中央与地方关系科层化引发的问题在实践中仍然依赖科层机制解决。

第四章从动态过程的角度出发，分析法律实施过程中执法责任的分配和政府间的合作、监督关系。我国在法律实施上表现为集中体制下的分散式实施，在法律对各级政府的概括性授权下行政任务下沉，同时通过保持不同层级政府间的命令服从关系以实现对法律实施的合法性监督与合理性监督。然而，过于依赖政府间的科层关系不仅不利于执法权与执法责任的明确，还会诱发对法律、政策的政治执行与象征性执行；这也是目前普遍存在的法律实施困境的重要成因。

第五章以环境行政为例，讨论这一领域的两个常见问题——我国权力分散的环境行政管理体制以及中央向地方的过度分权是不是环境法律实施困境形成的诱因，具体体现在环境领域行政权力纵向配置模式及其影响。本书认为，环境行政体制体现了行政集中制下权力下放的主要特征；之所以形成这种体制，与政府间没有形成制度化分权，下级政府作为上级政府执行机关的定位密切相关。在行政集权的体制下，权限的分配和监督都主要通过行政机制进行。而行政机制的失效是以象征性执行和政治执行为代表的法律实施困境形成的主要原因。在集权制下的权力下放与集中都无法改变这一困境，且会使地方政府陷入行政责任与回应性责任相冲突的局面。

最后，结语部分简单总结本书观点并提出相应的规范性建议。

第一章

行政权力纵向配置的法治主义原理

一、集权制或分权制：行政权力纵向配置的模式选择

（一）被忽视的行政权力纵向配置

在不同的理论视角下，行政权力的纵向配置问题都常常被忽视。例如，在对中央与地方关系的讨论中，立法权的分配往往最受重视，不同层级的政府谁有权决定何种事务是理论与实务中争议的焦点，行政权力的纵向配置没有得到相应的关注。故而，尽管中央与地方关系是宪法研究中最为重要的课题之一，立法后的执行却往往被作为附带性议题，谁来执行法律并不被视为中央与地方权力分配的关键。行政法学研究以对行政权的规范与控制为核心，更加重视横向的立法设计、司法审查或政府与社会间的分权，较少讨论行政权力纵向配置的原理与影响。

公法研究忽视行政权力纵向配置问题主要出于以下两点原因：一是传统的分权理论把行政权作为从属性权力，认为行政权的正当性来自立法授权，行政以实现立法目标为宗旨，通过一系列的程序设计和审查机制可以将行政权限定在立法控制范围内。[1] 因此，对权力纵向配置的讨论集中于具有"决定"性质的立法权——毕竟如果行政只是实现立法目的的工具并受到立法的严格控制，谁来执行法律并不会对权力的分配和行使产生实质影响。二是在行政一体的假设下，科层式分工取代了纵向分权概念。行政一体即国家行政在整体上成为一体，受到行政首长的指挥和监督，并以整体向选民和议会负责。[2] 这一假设从议会与政府的关系着眼，对行政权进行了高度

---

[1] 参见[美]理查德·B.斯图尔特：《美国行政法的重构》，沈岿译，商务印书馆2011年版，第7-10页。

[2] 参见[德]汉斯·J.沃尔夫等：《行政法》（第2卷），高家伟译，商务印书馆2002年版，第77页。

抽象化的处理；其不仅是行政系统内部的组织原则，更是民主责任制下处理负责统治的政治部门与负责执行的行政部门关系的基本原则。行政一体概念最重要的意义在于落实行政的民主责任，但这种假设也存在依赖官僚科层的组织形式、倾向中央管制以及各种指示和命令机制的问题。① 当一体化的假设忽视了层次行政的现实，行政权力的纵向配置就被作为内部事务，丧失了规范意义上的重要性。

由此可见，受分权理论和民主责任理论的影响，行政组织及其内外部关系长期游离于公法研究之外。传统理论又依赖于以下对行政权的预设：首先，由于行政权力通常是消极的，其对公民自由的限制必须来自法律授权并受法律限制；其次，通过横向的权力制衡能够保障行政权力在法律范围内行使，并提升权力的可预测性和可监督性，进而保障公民的权利与自由。这种预设又依赖于行政任务简单且范围有限的现实，国家的管制职能可以通过"法律化"而实现，与之相对应的社会也是一个结构简单，能够通过一般的、抽象的法律予以管制的社会。② 然而，现代社会日益复杂多样，行政的功能和疆域不断扩张，立法与行政之间的互动关系随之转变。行政受到立法严格约束的假设逐步被大量积极性、概括性的授权所动摇，行政内部运作机制的重要性得以凸显。简言之，传统的行政法治理念对行政权力纵向结构的忽视不能与行政国家的现实相适应。

(二) 行政权力纵向配置的不同模式

在行政权优越的传统下，行政从来不止于执法；就执法而言，"谁来执行"也一直是现实中的重要问题。行政权力在不同层级

---

① 参见［德］施密特·阿斯曼：《秩序理念下的行政法体系建构》，林明锵等译，北京大学出版社2012年版，第242页。
② 参见赵宏：《合作行政与行政法的体系变革》，载姜明安主编：《行政法论丛》第17卷，法律出版社2015年版。

政府间的分配模式和控制方式对完成行政任务、规范权力行使产生深刻影响。毫不夸张地说，行政内部机制在"控权"上的意义并不亚于立法、司法等外部控制机制。① 行政权既不是消极的，也不是从属性的。就控权而言，在外部控制机制中，立法机构普遍面临信息不对称、动力缺失等问题。② 司法机构同样未能在控制行政权、影响公共政策等问题上发挥主导作用。虽然司法监督随着行政诉讼制度的建立和发展日益重要，但弱司法传统、司法的被动性、诉讼资格问题乃至社会的成熟程度都会限制司法功能的发挥。鉴于此，行政系统内部的权力分配、调整与监督机制在事实上对行政权的规范行使发挥了更重要的作用；但这种纵向关系经常被简化为领导与被领导、命令与执行的权力关系，分工与分权相混淆，纵向分权的法治意义被忽视。因此，有必要区分行政权力纵向配置的不同模式，特别是以内部分工为表现的权力下放与以自治行政为基础的行政分权。

在此讨论的行政分权制作为法律上的概念，是一个绝对的概念。所谓"绝对"，表示一国或者实行行政集权制度或者实行行政分权制度。为此，有必要区分法律意义上的行政集权制与行政分权制以及政治上的集权与分权效果。在法律意义上，行政集权制与行政分权制讨论的是国家作为公法人与其他公法人特别是地方公共团体之间的关系。行政集权制，是指法律将一个特定国家的全部行政职责都赋予国家的制度，在国家以外不存在任何承担行政职能的公法人；而行政分权制，是指行政职能不仅赋予国家，而且赋予其他公法人。

---

① 参见章剑生：《作为担保行政行为合法性的内部行政法》，载《法学家》2018年第6期。
② 参见林彦：《合作型联邦制执法检查对央地关系的形塑》，载《中外法学》2017年第4期。

因此，法律意义上的行政分权制的关键在于公法人的多元性，从纵向的角度看即在国家之外还存在地方公共团体。[1] 政治上的集权与分权效果则是一个程度上的概念，在不同体制下可以通过各种途径实现或多或少的集权或分权。例如，在法律上的行政分权制度框架下，中央政府可以通过对地方公共团体的严格监督实现集权，或通过立法将行政事务划为国家行政事务，并由国家行政机关集中行使权力。同样，在行政集权的体制下，通过权力下放也能在一定程度上收到分权效果。事实上，由于极端的中央集权制不利于行政职务的执行，往往是越在行政集权的体制下越有权力下放的需求。由此又引出了另一组相对的概念：行政集中与行政分治。

行政集中与行政分治讨论的是同一行政组织内部的层级关系，特别是权限在不同层级间的分配情况。行政集中，是指上级垄断决定权的制度，下级机关仅限于准备或执行上级机关决定的任务；而行政分治，则是指上级与下级机关之间分享决策权的制度。[2] 行政集中与行政分治是一组相对的概念；当代行政组织的一个趋势是通过权力下放实现行政分治，即中央政府将部分决策权下放到地方上的分支机构。[3] 权力下放以及行政分治也能使决策更为灵活、提高行政机关效率，即产生部分与行政分权相近的效果，通过权力下放甚至能够在一定程度上掩盖行政集权体制的现实。但是，这种权力下放与具有法律意义的行政分权仍有本质区别。

---

[1] 参见 [葡] 迪奥戈·弗雷塔斯·亚玛勒：《行政法教程》（第1卷），黄显辉、王西安译，法律出版社2014年版，第520页。

[2] 参见 [葡] 迪奥戈·弗雷塔斯·亚玛勒：《行政法教程》（第1卷），黄显辉、王西安译，法律出版社2014年版，第491页。

[3] 参见王名扬：《王名扬全集：英国行政法、比较行政法》，北京大学出版社2016年版，第325-326页；[荷] 勒内·J.G.H.西尔登、弗里茨·斯特罗因克编：《欧美比较行政法》，伏创宇等译，中国人民大学出版社2013年版，第167页。

行政分权制处理的是不同主体间的关系，以承认地方公共团体独立的法律人格为前提，作为公法人的地方公共团体具备独立的权利能力与责任能力；而权力下放是同一主体内部等级关系，下级机关虽然被赋予一定的决策权，但并不具备独立的法律人格，也不独立承担责任。在职责划分上，国家与地方公共团体之间的分权主要是通过划分国家公务与地方公务来实现权力与责任的分担；而等级制下的分工则体现为具有不同权限但承担共同的责任。[①] 在纵向关系上，行政分权制下国家与地方公共团体的指挥监督关系也不同于中央国家机关与地方国家机关的命令服从关系。行政分权制与行政集权制下的权力下放是行政权力纵向配置的两种典型模式，有必要明确二者区别，以免发生混淆。

（三）行政分权制的法治意义

行政分权通常又区分为基于地域的地方分权和基于专业的公务分权，本书所讨论的纵向权力配置限于第一种情况。在大国治理中纵向权力分配不可避免，但基于客观情势的权力下放与基于主观利益的地方分权有所差别。无论是联邦制国家还是单一制国家都在立法以及行政上出现地方化的趋势。行政并非立法机关的工具或处于政治真空之中，必然有中央与地方的分别。上文比较了权力下放和地方分权的差异，认为不应把行政权力在中央与地方间的纵向配置等同于层级分工，将权力下放与地方分权相混淆或以分工掩盖分权。行政分权制与权力下放在组织上的主要区别在于承认地方公共团体的法律人格，并通过自治制度保障地方的自主权利。与权力下放相比，地方分权是行政权力纵向配置的法治主义模式。

[①] 参见［葡］迪奥戈·弗雷塔斯·亚玛勒：《行政法教程》（第1卷），黄显辉、王西安译，法律出版社2014年版，第472页。

在权力下放的情况下，地方管理权委托给在地方区域行使权力的中央政府代理人，国家通过财政和纪律的措施进行控制；中央行政机关既可以撤销下级机关的决定，也可以收回下放的权力，还可以作出相反的决定。地方分权则意味着中央政府或其代理人的权力转交给地方政府的代表，后者不直接对中央政府或其代理人负责。[1]联邦制下的成员国具有受宪法保障的原始的自治权，单一制下的地方单位也可以通过宪法或法律的授权成为地方分权的载体。理论上的基本类型在日常生活中可能出现细微的差别和混合现象；因此，与作出精确的定义相比更应关注地方分权的功能和意义，以增进对二者差异的理解。

国家承认地方具有独立的法律人格，将部分权力让渡于相对独立并具备民主基础的地方，这是实现行政权力分散化、民主化的一种形式。一般认为其具有以下意义：一是保障地方自由，并成为公共行政多元的基础。多元制度就是权力制约的一种形式，地方权力可以成为对专制主义或中央权力滥用的一种限制，即麦迪逊所说的"野心对抗野心……政府间相互控制"。二是地方分权可以尽可能地使公民在与其利益相关的事宜上参与公共决策，充分利用本地民众对自身问题的关注与热情，且参与也是现代国家的重要目标。三是从"成本—效率"角度考虑，地方分权在信息、人员上具备一定优势，并且能够在特定情况下提供某些比集权更有利的解决办法。[2]

除此之外，与依托行政机制的权力下放相比，地方分权更具有规范意义。在权力下放的情况下，地方的权力和利益都处于不稳定

---

[1] 参见［瑞士］J. 布莱泽编：《地方分权：比较的视角》，肖艳辉、袁朝晖译，中国方正出版社2009年版，第2页。

[2] 参见［葡］迪奥戈·弗雷塔斯·亚玛勒：《行政法教程》（第1卷），黄显辉、王西安译，法律出版社2014年版，第522页。

的状态，虽然能够在某些情况下提高效率，但仍无法克服体制性缺陷，如同"用同一把锤子锤，但是缩短了它的柄"。① 在地方分权的情况下，地方不仅具备团体资格和创制规范的能力，更重要的是获得了免于等级制权力干预的自主性。故而有观点认为，"地方分权的核心就在于具有地方权能机关的自主决定权，只有当这些机关免于受到等级制权力的干预，即能够自由决断其自身决定的内容，并且在和中央机关共同作出决定时握有决定权的实体，此时才存在地方分权"②。地方分权通过规范化、制度化的措施保障地方的自主权和地方分权的稳定性，具有权力下放不具有的优势，是行政权力纵向配置的法治主义模式。

与此同时，分权也存在限度，并不是分权程度越高就越具有优势，不同的行政领域对权力集中程度的要求也存在差别。不当的分权可能造成权力的碎片化、破坏行政一体性，对行政任务的完成和行政责任的承担产生不利影响。换言之，分权虽然能够弥补权力过于集中带来的一系列弊端，但也伴随风险；对行政权力纵向配置研究的意义就在于平衡各自的利弊，以确定分权或集权的恰当程度，并设计协调与监督机制，优化权力的行使，减少负面效果。

在我国，中央与地方在行政上的分权不仅是根据宪法和法律对国家机构职权划分基本原则所推演出的要求，也具有民主责任意义上的正当性和效能上的优势。上文讨论行政权力纵向配置被忽视的现实以及行政分权指什么与为什么重要，下面本书将集中于组织、事务分配和监督关系等方面，概括性地讨论地方分权要求什么，并

---

① 王建学：《中央的统一领导：现状与问题》，载《中国法律评论》2018年第1期。
② 参见吴良健：《地方分权与预算自主——论分税制下的地方预算自主权及其宪政意涵》，载姜明安主编：《行政法论丛》第18卷，法律出版社2016年版。

为进一步具体讨论我国行政分权制度的缺失以及中央与地方之间分工关系对分权关系的取代做准备。

二、地方公共团体：地方分权制的组织基础

（一）地方公共团体的概念与构成要素

上文已经指出，法律意义上的行政集权与行政分权取决于公法人的单一与多元，存在具有公法人资格的地方公共团体是行政分权的基础，因此讨论行政分权要首先讨论地方公共团体。地方公共团体是近代行政分权化、地方自治化的产物，并逐渐成为一个被广为接受的法律概念。它既是行政分权的基础，也是地方自治的关键。

地方公共团体是公法人的一种，公共团体是一种法律上的人格。地方公共团体与作为公法人的国家一样，属于统治团体性质的公法人，都是通过法律上的技术认定其为承担权利义务的主体，并使其成为公共行政任务的承担者。公法人首先是一个理论概念；在大陆法系国家的行政法释义学中，公法人之外还存在行政主体这一近似概念，由其作为行政权在法律上的最终归属。在法国，行政主体和公法人的概念是等同的。德国的行政主体概念则略宽于公法人，还包括被授权人；但公法人仍然构成了行政主体最主要的部分。[①]

无论是公法人还是行政主体，创设这一概念的意义在于在法律上明确权利义务归属，以实现行政活动的统一性与连续性。在国家以外，承认地方公共团体具有公法人地位，则是为了实现纵向分权；

[①] 参见李洪雷：《行政法释义学：行政法学理的更新》，中国人民大学出版社2014年版，第202页。

作为公法人的地方公共团体不同于国家的行政区域,是一个以地域为基础、独立存在的实体。国家通过承认地方公共团体的主体地位,进而承认其对地方性行政事务具有决定权力,并承担由此产生的权利、义务与责任。同时,公法人最主要的两种类型是地方公共团体与公务法人,地方公共团体的特征在于它是以地域为基础的公民行使民主权利的单位。因此,可以将地方公共团体定义为国家领土各区域的居民群体通过自己的机构和代表为确保实现共同利益而组成的以居民和地域为基础的公法人。①

地方公共团体具备自然意义上的构成要素和法律意义上的构成要件。其中,自然意义上的构成要素包括名称、国家领土的一部分和住民,这表明地方公共团体是以特定地域为基础的人的集合,而不同于国家或公务法人。② 法律意义上的构成要件则要更加复杂,包括:(1) 具备公法人人格。这意味着地方公共团体具有独立的权利能力,能够以自身名义作出决定,并承担由其决定产生的责任后果,以自己的名义参与诉讼。(2) 存在地方性事务。承认地方性事务与地方利益是自治与分权的前提,但地方性事务并没有固定不变的内容和范围,对其判断因时因地而异,是一个具有流动性的话题。(3) 行使自治权。自治权是地方公共团体处理自治事务的权力,包括立法、行政、人事、财政等诸多方面。某些分权机关可能作为地方公共团体的机关行使自治权,同时也代表国家行使职权。根据双重职能理论,机关可以通过双重公职身份执行双重职能,但应对两种职权进行严格界分;受保障的自治权限是防止地方自治空洞化的

---

① 参见［葡］迪奥戈·弗雷塔斯·亚玛勒:《行政法教程》(第1卷),黄显辉、王西安译,法律出版社2014年版,第298页。
② 参见［法］让-玛丽·蓬蒂埃:《法国行政分权视阈中的地方公共团体研究》,施思璐译,载《天津行政学院学报》2014年第1期。

关键。① （4）设置自治机关。自治机关对外应具有独立性、能够自主管理，对内则应采用民主形式进行组织。机构独立虽不足以保障地方分权，但很大程度上会有所帮助；而采用民主的组织形式则是住民自治的内在要求，也是地方分权正当基础之一。

作为一个普遍化的概念，地方公共团体在不同的国家有不同的称谓和类型；即使在同一国家，地方公共团体的类型也可能随着地方制度的改革发生变化。在称谓上，"地方公共团体"和"地方自治团体"最为普遍。我国第一部行政法教科书——钟赓言所著的《行政法讲义》中采用了"地方自治团体"的概念。《日本宪法》采用了"地方公共团体"的概念，影响了我国制度引介过程中对相关概念的翻译，如《法国宪法》中规定的 collectivité territoriale，直译为"领土单位"或"领土集合"，在我国法学讨论中被普遍翻译成地方公共团体。② 称谓和翻译上的差别并不影响这一概念的实质内涵和构成要素。在类型上，各国一般会通过宪法和法律对地方公共团体的类型进行规定，具体的种类取决于各国政治、文化传统和法律体制。例如，日本的普通地方公共团体包括都道府县及市町村，法国法上常见的地方公共团体包括大区、省和市镇，德国联邦体制下地方公共团体包括县和乡镇。

地方分权构成了一种公共机关的组织模式，国家将一些权力让渡给因选举而相对独立的地方层级。③ 地方公共团体的资格由宪法或

---

① 参见王建学：《法国公法中地方公共团体的概念》，载《东南学术》2010年第1期。

② 参见王建学：《作为基本权利的地方自治》，厦门大学出版社2010年版，第77页。

③ 参见 [法] 让-贝尔纳·奥比：《地方分权与法律多元主义》，吴良健译，载舒国滢主编：《法理——法哲学、法学方法论与人工智能》（总第4卷），商务印书馆2018年版。

法律予以确认,其核心是具有独立的法律人格,承认地方是不同于国家的实体。因此,地方公共团体不同于国家的地方行政区域,地方公共团体的行政也不同于国家的地方行政。这体现了地方自治的核心要素之一——团体自治,同时更加系统的地方自治制度能够保障地方公共团体的存在和运行。地方公共团体与地方自治唇齿相依。例如,王名扬教授在对分权制的论述中指出,"地方分权只能在地方团体有自己的管理人员,对国家保持相当的独立时才可实现……地方分权就是地方自治"[1]。地方公共团体是自治的主体也是分权的承担者,承认地方公共团体的主体地位是地方自治与地方分权的第一步,而系统的地方自治制度能够为制度化的地方分权提供保障。

(二) 地方公共团体资格的取得与保障

地方公共团体资格的取得与保障有赖于地方自治制度。所谓地方自治,指的是"以一定区域为基础之团体,其居民独立于国家意志之外,而以其本身之意思及责任,处理该团体事务之机制或其运用"[2]。就其内容宗旨,日本宪法学上有"团体自治"与"住民自治"的区分。具体而言,"团体自治",是指承认国家之内有某种程度独立于国家意思之外的地域团体,在赋予此等团体处理事务权限的同时,更保障其作为团体的对外自主性,国家或其他权力均不得任意加以侵害、干涉,而将事务处理之权限委诸该团体之判断与责任;"住民自治",是指自治团体在构成上要能够确保团体意思的形成乃是基于成员的合意,以使其权益得到周全的保障,故而必须以

---

[1] 王名扬:《王名扬全集:英国行政法、比较行政法》,北京大学出版社2016年版,第328页。

[2] 参见蔡茂寅:《地方自治之理论与地方制度法》,台北,学林文化事业有限公司2003年版,第14页。

民主的方式组织团体并加以运营、管理。① 其中，团体自治是地方自治的前提；尽管各国地方自治实践呈现不同形态，但自治实体具备法律上的人格，对外独立行使权力并承担责任是自治的必要条件。在宫泽俊义对地方自治本旨的注释中，团体自治也称法律性自治，住民自治也称政治性自治；② 二者共同构成地方自治的两大要素，其关系下文还会具体讨论。

地方公共团体的产生与政治上的地方自治以及行政上的纵向分权紧密相关，但具体关系并不能仅从逻辑上分析，而要放在历史经验中理解。从其源起看，在不同国家、不同历史阶段，地方公共团体和行政分权可能依不同的时序出现。既有早期自然形成的地方团体，因逐步成为行政分权的依托而得到法律上的承认；也有以行政分权为目标，通过法律创设地方自治制度，而被"创造"出的地方公共团体。上文讨论了地方公共团体不同于国家行政区域，地方公共团体行使公权力，在国家之外具有独立的法律人格。这不仅需要立法承认和概念创设，也需要地方事务与地方职能的发展、地方公共团体观念的确立。在制度形成时期，现实需要与原始观念的产生常常会出现在概念创设之前。以法国地方公共团体概念的产生为例，之所以要创设这一概念正是"需要一个专门的表述……用以指代一个比国家更狭义的集合……使有关的人的集合的组织以法人的形式出现"③。而在制度继受国家，自治制度依赖于传来与习得，地方公共团体也通常是"人工创造物"。如在实行地方自治制度的日

---

① 参见蔡茂寅：《地方自治之理论与地方制度法》，台北，学林文化事业有限公司2003年版，第15—16页。
② 参见[日]宫泽俊义：《日本国宪法精解》，董璠舆译，中国民主法制出版社1990年，第659—660页。
③ 王建学：《法国公法中地方公共团体的概念》，载《东南学术》2010年第1期。

本，地方公共团体的产生和变迁主要依赖宪法与法律的设计。①

因此，早期的讨论中就地方公共团体是否具备固有权利产生了不同观点，大致可分为"传来说"与"固有权说"或"制度保障说"，这些学说影响了对地方自治权来源与性质的进一步理解。"传来说"认为，地方公共团体存立的根据都源于国家权力，因此法律可以规定自治权和地方性事务的增减。"固有权说"或"制度保障说"则把地方公共团体的自治权视为可以对抗国家的权利，承认权利的前国家性并给予宪法保障。随着地方自治制度的巩固和普及，特别是各国宪法对地方公共团体的承认与规定，"传来说"逐渐被大多数国家抛弃，"固有权说"或"制度保障说"成为主流学说。

地方公共团体的设置有法律保留或宪法保留两种模式。② 法律保留，是指宪法授权国家议会通过法律决定地方公共团体的设置及类型。例如，《日本宪法》第 92 条授权国会通过制定地方自治法的方式设置地方公共团体的种类；《日本地方自治法》规定了普通的地方公共团体和特殊的地方公共团体两大类，具体的地方公共团体的设置可由法律增减，如剥夺都道府县地方公共团体的资格、新设道州制等措施无论是否妥当都属于立法裁量范围内的事宜。③ 宪法保留，是指由宪法直接规定地方公共团体的设置及类型。如《意大利宪法》第 114 条规定"共和国由市、省、特大城市、区和国家组

---

① 参见洪骥：《日本国宪法第 92 条"地方自治之本旨"的解释论——从"保不保障"到"保障什么"》，载肖盼晴主编：《日本法研究》第 2 卷，中国政法大学出版社 2016 年版。

② 参见王建学：《作为基本权利的地方自治》，厦门大学出版社 2010 年版，第 83 页。

③ 参见［日］阿部照哉、池田政章、初宿正典、户松秀典编著：《宪法（上）——总论篇、统治机构篇》，周宗宪译，中国政法大学出版社 2006 年版，第 453-455 页。

成"，其地方公共团体资格受到宪法保障，法律不能增加或减少宪法所规定的种类。①

从团体自治的角度观察，地方公共团体的资格或由法律授予或由宪法授予，经法律承认获得公法人资格，意味着其在法律上具有了独立于国家的人格，并获得相应权能。但从住民自治的角度考察，由法律承认获得公法人资格能够使地方公共团体成为行政分权主体，但还不足以成为地方自治主体；只有地方公共团体根据本地区居民的意志管理地方事务，即具有政治意义上的自治，地方公共团体才能够成为地方自治意义上的主体。因此，正如上文所介绍的，团体以民主方式组织已经成为地方公共团体的构成要素之一。法国大区制的变革就可作为一个例证。大区最初并不是《法国宪法》规定的地方公共团体，其雏形是区域行动区，属于国家的行政区域。1972年议会立法将其更名为大区，并增加分权因素，承认其法律人格，大区就此承担了部分行政分权的功能，但仍然只是公务法人而不是与省、市镇相似的地方公共团体；直到1982年议会立法又将其改造成地方公共团体，立法中规定在由公民直接普遍选举的议会产生之前大区仍然保持公务法人地位。② 可见地方公共团体的资格不仅依赖法律创设，民主的组成方式也已经成为一种内在要求。同时，这也体现了中央与地方之间的行政分权与地方自治在强调重心上的微妙差别。下文将对其进行具体分析。

(三) 行政分权与地方自治的辨析

上文对地方公共团体的讨论认为地方公共团体既是纵向行政分

---

① 参见冷霞：《意大利地区自治制度的宪法变革》，载何勤华主编：《20世纪西方宪政的发展及其变革》，法律出版社2005年版，第384—403页。
② 参见王名扬：《法国行政法》，北京大学出版社2007年版，第63页。

权的基础，也是地方自治的关键要素。纵向行政分权需要具有独立法律人格的地方公共团体，而地方公共团体公法人资格的取得与保障通常有赖于地方自治制度。行政分权与地方自治密切相关；由于其内涵有相近之处，很多时候会被不加区分地使用。在特定情况下，行政分权与地方自治有共同的要求。但二者毕竟属于不同范畴，故而有必要对这两个概念的关系加以澄清，特别是两者在内容上的交叉、在联邦制与单一制不同语境下的变化以及在行政法学与宪法学不同视角下的侧重。

从内容上看，广义上的行政分权与地方自治讨论范围交叉而互有不及；而狭义的行政分权基本包含在地方自治的讨论中，范围小于地方自治的讨论范围。上文已经讨论了法律意义上的行政分权，其是指行政职权在公法人之间的转移。广义的行政分权主要包括两种类型：一种是以地域为基础的地方分权，另一种是以专业为基础的公务分权。前者涉及中央与地方关系，后者涉及国家与社会的关系。本书讨论行政权力的纵向配置。关注的是中央与地方关系意义上的行政分权，即地方分权；同时关注行政层面的分权，包括主体地位、权责分配、指挥监督关系等。而地方分权在中文语境下的讨论常常不仅限于行政分权，还包括立法分权、财政分权等，在范围上基本上包括了地方自治的主要内容，即地方分权常被等同于地方自治，基本可以在地方自治的框架内讨论。

除了内容上地方自治的讨论范围不限于行政之外，在单一制和联邦制不同的语境下，行政分权和地方自治所涉及的议题和相互的关系也有所区别。在单一制国家，行政分权与地方自治都在中央与地方关系的框架下讨论，地方自治制度基本涵盖了中央与地方关系的主要方面。在联邦制国家，行政分权部分在联邦关系的框架下讨论，部分在地方关系的框架下讨论。在"联邦—州/邦—地方"的框架下，地方政府一般被界定为最贴近民众的政府单位，[①] 地方自治制度并不能涵盖联邦制国家中央与地方关系的主要方面；讨论联邦制国家的行政分权不能仅关注其地方自治制度，还要关注联邦与州/邦在行政上的关系。

地方公共团体之所以对行政分权至关重要，是因为中央与地方之间的行政分权以组织上的相对独立为前提。在联邦制国家的语境下，联邦和州通过宪法上的分权，各自成为相对独立的实体。行政权力的纵向分配问题主要在联邦关系的框架下讨论。至于联邦制下的地方自治制度，同样以地方的法人化为前提。[②] 在单一制国家的语境下，地方并不自然具有相对独立于国家的法律人格，其公法法律人格的取得和权利能力的充实几乎完全依赖地方自治制度。

在理论上，行政法学和宪法学不同视角下的研究对行政分权与地方自治各有侧重。行政法学研究偏重行政分权，并主要在行政组织法上进行讨论。其出发点是行政权需以组织为载体，行政组织的关系影响行政权的行使，因此行政法学研究以行政组织的设置和相互间的权力关系为关注重点。而行政组织的设置通常会有三个方面的考量：一是来自权力分立体制下行政与立法间的权力划分；二是来自中央与地方间的执行权的划分；三是来自具体领域业务的重要性与权力对公民权利的干预性或对国家经济社会发展之整体的影

[①] Stevenson, S.M., *Understanding Local Government*, 2nd edition, Newark, NJ: LexisNexis, 2009, p.1.

[②] 参见张力：《行政法的自治范式研究——借助美国地方治理框架的分析》，社会科学文献出版社 2015 年版，第 104-105 页。

响。① 这里讨论的狭义的行政分权主要涉及第二个问题——中央与地方间执行权的分配。地方公共团体作为行政法上享有权利和承担义务的主体，主要出现在行政主体制度中。而宪法学研究则偏重地方自治，主要在中央与地方关系特别是地方制度的框架下讨论，地方公共团体在行政上的权能仅是地方自治的一个侧面。

三、新分权框架与原则：执行权纳入央地分权

（一）执行权的纳入：原因与影响

在传统央地分权的语境下，讨论的焦点是立法事项上的决定权，并形成了中央与地方的专有权力与共有权力的讨论框架。然而从各国的实际情况看，立法上的中央事权未必由中央政府执行；即使在以二元联邦主义为特征的国家，即传统上由联邦机构执行联邦立法，各州执行各州立法的国家，联邦和各州在执行上也存在广泛的合作。这种执行上的互动合作关系同样是中央与地方关系的重要方面，且会对法律实施本身产生深刻影响。

中央与地方的不同角色会影响行政执法选择与执法效果，如美国行政法学家古德诺就曾指出，在立法集中但执行分散或地方化的国家，地方政府会利用执行权力使立法适应地方的利益与需求。② 根据立法进行的二分法业已不能反映现实；特别是在行政权扩张的背景下，考虑到中央政府与地方政府在执行上的角色，应将执行权纳入中央与地方的分权框架，区分中央立法并执行事项、中央立法地方执行事项（委办事项）、地方自治三类事项，具体探讨不同事项中

---

① 参见黄锦堂：《行政组织法论》，台北，翰芦图书出版有限公司2005年版，第72页。

② 参见［美］弗兰克·J. 古德诺：《政治与行政：一个对政府的研究》，王元译，复旦大学出版社2011年版，第29-31页。

的互动关系。

与立法相比，执行是一个相对动态的过程：不仅包括将法律规范适用于具体情况的执法，还包括为实现立法目标而进行的规则制定与具体的路径选择。因此，在新的分权框架下权力分配不再是静态、一次性地决定中央与地方的权限，还要考虑执行过程中不同机关间指挥、监督与合作的关系。与此同时，尽管在这一新分权框架中，立法权限分配不再是唯一问题，中央与地方权限不易划分的难题仍然存在，特别是将执行权考虑在内后会出现大量的灰色空间。即使将某一事项作为地方自治事项，中央政府仍然有很大的介入空间；反之，即使将权限归于中央，地方通常也无法拒绝"委办"。在中央与地方互动频繁的情况下，关键性的问题就在于如何在动态中把握三类事项的划分原则或标准、具体的划分形式以及不同事项上中央与地方的关系。

(二) 分权标准：传统模式及其局限

中央与地方分权标准的传统模式同样主要关注立法而忽视行政；同时由于权限划分的复杂性，在此问题上从来不存在单一的原则或标准。对我国实践影响较大的是"重要程度"标准和"影响范围"标准。[①]

"重要程度"标准，在立法上主要指的是涉及公民基本权利等重要事项只能由法律规定，而其他一些"次重要"事项的立法权或由"重要事项"立法权中衍生出的附属性立法权则可划归地方。相应地，在执行上也依"重要程度"标准决定事务由中央政府组成部门

[①] 参见张千帆：《宪法学导论》，法律出版社2004年版，第255页；封丽霞：《中央与地方立法权限的划分标准："重要程度"还是"影响范围"？》，载《法制与社会发展》2008年第5期。

执行还是委托地方政府执行。一般而言，中央所直接执行的事项大多与人民的权利义务有直接关联或有建立统一的执行机制的必要。①这一标准首先体现在我国《立法法》第12条对中央立法事项的界定上，该条把关于国家主权、政府组织制度、犯罪与刑罚等"重要事项"规定为"必须由全国人民代表大会及其常务委员会制定法律"的事项。

"影响范围"标准，是指区分有全国性影响并需要统一规则的"全国性事项"，以及仅具有局部性影响并适合多样化方案的"地方性事项"。这一标准强调事务本身的性质，并从有限政府和民主立法的立场出发，以事务性质判断权限归属。在各国立法实践中都能看到这一标准的应用；即使在我国《立法法》明确采取"重要程度"标准的情况下，从其对"地方性事务"的规定仍能反映出"影响范围"标准的影响。②但"影响范围"标准对执行权分配的影响较小：有全国性影响并需要统一规则的"全国性事项"，即使在立法上属于中央事权，在具体的法律实施上往往也会有多样化的选择。

这两种标准都明显地影响了立法权限在中央与地方间的划分，但对行政权的分配都缺乏相应的关注。事实上行政权力的纵向配置往往受到政治责任理论、社会历史条件、行政事务性质等多重因素的影响；因此，在纳入执行权的新分权框架下，无论是"重要程度"标准还是"影响范围"标准都有明显的不足之处。下面将分别予以说明。

"重要程度"标准脱胎于德国的重要性理论，具体表现为"以

---

① 参见黄锦堂：《行政组织法论》，台北，翰芦图书出版有限公司2005年版，第91页。

② 参见《立法法》第82条第1款第2项。

事项的重大与否为标准划分中央与地方立法权的范围"①。将重要性理论应用于央地权限划分，在理论上有对法律保留原则误读的嫌疑，在实践中也有捉襟见肘之处。具体而言，主要会遇到两个问题：一是这种做法可能会过度限制地方的治理能力且缺乏民主正当性，二是立法上与执行上对"重要程度"的判断有明显差别。

从理论渊源和各国实践看，重要性理论是对法律保留原则的阐释。而法律保留原则的提出是为了处理立法权和行政权的边界与功能定位问题，并作为一种防御机制防止行政权对基本权利的侵害；②这一原则从一开始就不处理纵向权力分配问题。特别是在对法律的界定上，在法律保留原则产生的母国——德国，同时承认联邦和各邦议会是立法机构，各邦议会制定的规范同样属于法律。可见，法律保留原则既无法也并不意图调整联邦与各邦的权限划分问题。但当法律保留原则移植到单一制国家，原本意在限制行政机关的原则会在事实上成为对地方性立法的限制。在一般单一制国家中，地方代议机构制定的规范（如我国的地方性法规、日本的条例）在位阶上低于国家立法，在名称上也有别于形式上的法律；这就出现了地方立法是否能对法律保留事项进行规制的问题。根据"重要程度"标准，重要事项专属中央立法，地方性立法与行政立法一样受到限制。但这种对地方代议机构的限制不仅不能得到作为"法律保留"核心的民主和法治国原则的支持，还损害了地方的治理能力，可能导致立法缺位。因此，很多单一制国家不会以"重要程度"为标准划分中央与地方的权限；即使在宪法中保留由法律规定的事项也会

---

① 陈端洪：《论我国的地方立法》，中国社会科学院1993年博士学位论文，第57页。
② 参见张慰：《"重要性理论"之梳理与批判——基于德国公法学理论的检视》，载《行政法学研究》2011年第2期。

为地方性立法留有余地,如日本宪法对财产权的限制采取了法律保留的规定,但一般认为条例作为民主性立法,在性质上属于准法律,也可以对财产权进行限制,只有规制对象超越了地方利益而关系全民利益,或者规制对象能够成为全国性的交易对象时,规制才必须通过法律。① 可见,即使是具有宪法重要性的事项,中央与地方的权限划分也没有依据"重要程度"标准将立法权一律归于中央。无论是联邦制国家还是单一制国家都没有把事项的"重要程度"作为纵向分权标准。

而"影响范围"标准的关键在于根据影响范围判断事务性质;由于事务的影响范围并非一望即知的问题,实践中仍然需要具体标准进一步界定。例如,在美国,根据库利法则,如果事务要求全国统一调控,国会就具有专有立法权;如果事务需要根据地方特色得到多样化的处理,那么即使处于国会权力范围之内,只要国会尚未立法优占(preempt)各州调控,各州也有权进行调控。② 这一准则为判断事务性质进而界定权限提供进一步的说明。然而,随着区域间联系日益紧密,中央与地方之间的互动也越来越频繁,很多事项从影响上看难以完全划属中央或地方。以美国为例,州或者地方政府在很多传统上被认为在典型的联邦事务上扮演越来越积极的角色,如移民政策和气候变化;③ 同时联邦政府也开始越来越多地介入传统上属于各州的事务,如环境保护或产品责任等事宜。④ 在事务性

---

① 参见[日]芦部信喜:《宪法》,林来梵等译,清华大学出版社2018年版,第291页。

② 参见张千帆:《宪法学导论》,法律出版社2004年版,第233页。

③ See Rodríguez, C. M., *The Significance of the Local in Immigration Regulation*, 106 Mich. L. Rev. 567 (2007).

④ See Galle, B. & Seidenfeld, M., *Administrative Law's Federalism: Preemption, Delegation, and Agencies at the Edge of Federal Power*, 57 Duke LJ. 1933 (2007).

质难以自明的情况下,"影响范围"标准对立法权分配的指导作用也相应地减弱,而对法律的具体执行影响的判断则存在更大的模糊性与不确定性。

由此可见,"重要程度"标准在很多事项上存在明显不足;而"影响范围"标准也因着眼于事务性质常常失之于空泛,难以提供具有可操作性的具体标准。两种标准共同的缺点在于将中央与地方之间的权力划分视为静态、一次性的分割,并以此立场根据事项性质划分权限,讨论的核心在于寻找某种二元划分。这种静态的事务分权并不能全面地反映中央与地方间的权限与互动关系。一方面,只有很少事项完全归属于中央或地方,中央与地方在同一事项上各自享有某些权限是实践中的常态;另一方面,中央与地方的互动也往往不是一进一退、此消彼长的关系。因此,关注的重心有必要从"事务内容"转至"法律关系",同时在新的分权框架下寻找新的原则作为讨论分权的工具,功能适当原则提供了更加实用也更具动态的操作标准和方向。

(三) 功能适当原则:功能主义视角下的央地关系

所谓功能适当原则,实质上是从功能主义出发讨论国家权力配置,作为一种研究思路同时体现在普通法和大陆法对分权问题的讨论上,[1] 其核心在于如何通过国家权力的合理配置完成国家任务。该原则不仅是处理横向分权的原则,也适用于纵向的权力分配。功能适当原则在理论上的建构与发展乃是出于对形式主义分权学说的批判,致力于对权力交织混合现象的解释,并为横向分权特

---

[1] 参见张翔:《功能适当原则与宪法解释模式的选择——从美国"禁止咨询意见"原则开始》,载《学习与探索》2007年第1期;张翔:《国家权力配置的功能适当原则——以德国法为中心》,载《比较法研究》2018年第3期。

别是立法权与行政权的合理分配提供判断准则和正当基础。但依其逻辑，这一原则同样可以适用于纵向分权。张翔教授较早地将功能适当原则引入我国法学研究的视野，并对其内涵与适用进行了详尽的讨论。① 作为功能适当原则核心逻辑链条的是黑塞提出的"任务—功能—机构"。在此基础上，研究者提炼出了功能适当原则的两条教义：一是"当某项国家任务需要分配时，要比较分析哪个机关在组织、结构、程序、人员上具有优势，最有可能做出正确决定，因此是功能最适合的机关"；二是"如果宪法将某个国家职能配置给了某个机关，那么就应该对这个机关的组织、结构、程序、人员进行相应调整，以使其能够达到落实这项国家任务所需要的功能要求，也就是成为针对该项职能的功能最适的机关"②。由此可见，这一原则不仅关注权限的静态分配，还关注机构间的动态调整，分权也不再是一次性决定，而成为动态平衡的组织关系中的一环。

将功能适当原则适用于纵向分权，要求在权力配置过程中"根据地方的人口、经济特性与实力，乃至历史背景因素，再配合不同性质事务的不同需求，作综合考量"③。这种标准似乎仍嫌抽象，且同样依赖对事务重要性及影响范围的考量；但其重心已不再是静态的"事务性质"或"任务内涵"的判断，而转向关注动态程序的法律关系。具体而言，这一原则对讨论权力的纵向配置带来以下几点转变：首先，在功能适当原则下，中央与地方之间的权限划分不再

---

① 参见张翔：《功能适当原则与宪法解释模式的选择——从美国"禁止咨询意见"原则开始》，载《学习与探索》2007年第1期；张翔：《国家权力配置的功能适当原则——以德国法为中心》，载《比较法研究》2018年第3期；张翔：《我国国家权力配置原则的功能主义解释》，载《中外法学》2018年第2期。

② 张翔：《国家权力配置的功能适当原则——以德国法为中心》，载《比较法研究》2018年第3期。

③ 许宗力：《宪法与法治国行政》，台北，元照出版有限公司1999年版，第295页。

是单一标准的一次性分权。一方面，对权限争议的判断要综合考量统一标准的必要性和多样化解决的可能性，并根据不同事项对公民权利、地方自主性与国家法制统一的影响，平衡平等、自由与效率等不同价值。另一方面，承认事实上存在大量的共享事权，在这些事项上权力和责任并不自动依照事务性质归属于中央或地方，而需要在个案判断和价值衡量之后确定权力与责任的归属，并通过资源、权力与责任的平衡实现功能的最优化。其次，中央与地方分权并非一进一退的零和关系。对中央与地方权力此消彼长的印象主要来自"切蛋糕"式的事务分权模式和过度依赖于数据指标的财政分权，[1]地方自主性的提高并不以减损中央调控能力为代价，放松中央控制也并不等于地方扩权。中央与地方之间存在广泛的合作，功能性分权是各国常见的分权形式。如在德国形成了立法与执行上的功能性分离——联邦在立法上占据优势的同时由各邦负责大部分的执法；即使在美国这样传统上奉行二元联邦主义——联邦和各州对自身事务分别负责立法与执行的国家，也在众多执行领域依赖联邦与各州的合作。在功能性分权的语境下，中央与地方间具体的合作与监督方式成为与权限归属同样重要的问题。总之，功能适当原则不仅是关于立法权划分的原则，也关注执行权的具体配置与行使；不仅关注权限，同时关注组织。

在这一新分权框架下，执行权的分配不再是附属性问题，有必要在法律中予以明确规定。这不仅需要在地方制度法上提出区分中央立法并执行事项、中央立法地方执行事项、地方自治事项的框架与标准，更需要在关于不同事务的专门性法律中对此进行具体规定。

---

[1] See Chung, J. H., *Studies of Central-Provincial Relations in the People's Republic of China: A mid-term Appraisal*, The China Quarterly, Vol. 142: 142, p. 487–508 (1995).

目前在我国大部分行政领域,各级政府对同一事项均有管辖权乃至执行权的情况实属常态,这固然可以通过行政法规、规章或规范性文件加以明确。但这种行政规范往往出于中央政府或上级政府单方面的意旨而缺乏稳定性,内部分工的意义多于分权的意义,且容易出现繁难的行政任务下放同时重要的行政权力上移的现象;因此,有必要通过法律形式确定。对此,可参考德国法律对执行权的规定:德国往往在专门的法律中对事项性质予以明确,区分该法规定属于联邦立法并执行、委办事项还是自治事项;其中对于委办事项,法律往往还通过附则的形式将所涉事项中较为轻微、细琐、与地方高度相关且无害于整体秩序的领域授权地方自治。① 与此同时,在不同的事项上,国家行政机关与地方自治团体间的监督手段、程序与强度也有所区别,这正符合功能适当原则的要求,将重心从实体的判断标准转向程序性的法律关系建构,从事务性质如何区别到行政任务如何分配。

小　结

政府并不由自动生效的法律支配,以立法和司法为中心的研究忽视了行政权力纵向配置对中央与地方关系以及行政权力行使的影响。同时,大部分行政任务最终要在地方层面实现,中央政府不可能垄断行政权,由此产生了行政权力的纵向配置问题。

行政权力的纵向配置主要有集权制下的权力下放与行政分权两种模式。本章比较了这两种模式在组织、行为与责任上的差别,认为行政分权本质是职责与权力在公法人之间的转移,并澄清了政治

---

① 参见黄锦堂:《行政组织法论》,台北,翰芦图书出版有限公司2005年版,第90页。

上的集权/分权效果和法律上的行政分权的区别。与强调行政科层关系的权力下放相比，地方分权是行政权力纵向分配的法治主义模式。地方分权的基础在于国家与地方的法人化，特别是对地方公共团体地位的确认。通过赋予地方公共团体资格，地方不再仅是一个地域或行政区域概念，而成为一个具有权利能力的主体，能够相对独立地行使权力、承担责任。

虽然单一制和联邦制语境下的"地方"有不同的指涉，但地方公共团体资格的取得和保障最终都有赖于地方自治制度。与行政分权相比，地方自治制度的内容更加广泛：不限于中央与地方间的行政分权，还包括立法分权、财政分权等方面。同时出于对行政权力纵向配置作用的强调，也为了规范行政权力的分配，有必要将执行权在行政主体间的分配纳入中央与地方关系的一般框架中，即不仅关注中央与地方间静态、一次性的立法分权，还要关注双方在不同事务上的动态关系。在中央立法并执行、中央立法地方执行、地方自治三类事项构成的新分权框架下，传统单一的、以事务性质为核心的分权标准应让位于功能主义的强调法律关系、组织关系的功能适当原则。分权的组织（包括执行权的分权框架）、处理组织间关系的原则共同构成了行政权力纵向配置的法治主义模式。

第二章

我国行政权力纵向配置的宪法结构

一国选择何种纵向分权模式是重大的宪法问题。我国现行宪法对行政权力的纵向配置做出何种安排、是否为地方分权提供了规范依据或者已明确了集权制下的权力下放，这是我们需要回答的首要问题。

上文已指出，在法律意义上行政分权的实质是职责与权力在公法人之间的转移。在联邦制国家，宪法上的分权使各州在整体上获得了相对于联邦的较为独立的法律地位，故而联邦制下的行政分权具有组织上的基础。在单一制国家，地方同样可以通过地方自治制度取得法人资格，地方分权与单一制的国家结构形式并不冲突。在我国对单一制的讨论中，有一种观点是将单一制与中央集权制相等同，① 进而认为我国单一制的国家结构形式决定了集权型的行政组织。② 这种认为单一制的本质排斥地方分权的观点虽事实上不能成立，却产生了实际的影响，故而有必要首先对此加以澄清。

一、宪法上的单一制与中央集权制之辨

（一）单一制的概念源起与实践经验

宪法学通说认为，单一制指的是国家只有一部宪法，有统一的立法权，一套统一的国家机构体系和统一的司法系统，地方接受中央的统一领导，地方政府的权力源于中央的制度。③ 在我国，"单一制"这一词语虽非宪法明文，但宪法毫无疑问地规定了人民主权原则和单一制的宪法结构，"统一的国家机构体系""地方接受中央的

---

① 参见王建勋：《单一制与联邦制究竟有何区别》，载《学术界》2016 年第 8 期。
② 参见马岭：《我国单一制国家结构形式的特点》，载《河南财经政法大学学报》2017 年第 6 期。
③ 参见韩大元、刘志刚：《单一制的法的内涵》，载《中国法律年鉴》1998 年第 1 期。

统一领导，地方政府的权力源于中央"等特征也明显地体现在我国政府组织中。研究者对于我国单一制的国家结构形式并无太多争议；但要回答单一制是否等同于中央集权制、能否必然推演出行政集权制度这一问题，需要考察单一制的概念发展和实践经验。

在概念上，单一制作为国家结构形式，与联邦制相对应，主权概念对这两种制度的区分起到重要影响。前者建立在不可分割、不可限制的主权观念上，后者则承认二元主权。[①] 17世纪《威斯特伐利亚条约》签订，主权国家的观念在欧洲大陆确立。国家享有主权且主权是最高的、不可分的观念取代了中世纪不同势力分享权威的局面。现代政治学与宪法学理论以单一制来说明这种现代国家产生后最早采取的国家结构形式；但与此同时，在其研究视野之外很多亚洲国家也采取了与单一制国家基本相似的模式。[②] 美国革命后联邦制的产生和发展以及"二战"后对主权观念的反思与地方分权运动都极大地影响了单一制理论与实践。

作为国家结构形式的两种理想类型，这两种制度对中央与地方的关系定位不同。但无论是单一制还是联邦制都并不必然与集权或分权相联系：单一制国家并不排斥分权和自治，联邦制国家也可能出现集权倾向。[③] 有论者从二者在主权观念上的差异进行推演，认为单一制下主权统一的理念意味着政府间关系的单一和统治权的垄断，地方政府在立法乃至地方事务治理上的自主权任凭中央政府的

[①] 这是根据两种制度产生和分野而进行的简单区分，实践中单一制和联邦制的发展都更加多元，参见张千帆：《主权与分权——中央与地方关系的基本理论》，载《国家检察官学院学报》2011年第2期。

[②] Elazar, D. J., *Contrasting Unitary and Federal Systems*, International Political Science Review / Revue Internationale De Science Politique, Vol. 18: 3, p. 237-251 (1997).

[③] 参见张千帆：《国家主权与地方自治——中央与地方关系的法治化》，中国民主法制出版社2012年版，第2页。

处分，而对地方自治权获得充分保障的单一制国家（如英国）则以"事实上的联邦制政体"加以解释。① 这种"单一制国家必定属于集权制，一旦分权就不再是单一制国家"的论证方式，未免执着于词语，把一国因历史与传统形成的制度差异绝对化，并试图从应然概念中推导出实然状态，陷入了难以推翻但也没有实际内容的套套逻辑（tautology）。从目前各国的制度实践来看，单一制既不决定一国政治上的集权程度，也不决定一国行政集中程度。

以单一制与联邦制的二分法概括纷繁复杂的国家结构形式和政府间关系，不仅是高度简化的，也是相对静态的；而政府的集权分权不仅是一个程度问题，还在不断的动态转化中。同样被冠以"单一制"或"联邦制"之名的国家的集权分权程度会大相径庭。② 即使在同一国家，从时间上观察，权力的集中和分散也会受多重因素影响而不断波动，或者会出现不同领域权力分散与权力集中并存的状态。例如，通过对战后加拿大、澳大利亚联邦政府的观察，惠尔认为中央政府不断取得财政上的优势，但在财权上移的同时还出现事务管辖的分权化，联邦制度向一种"混合制"方向发展。③ 但在传统的单一制国家英国，地方自治和权力下放赋予地区更为广泛的权力，甚至在事实上限制了议会主权。④ 当单一制还是联邦制的二元

---

① 参见王建勋：《单一制与联邦制究竟有何区别》，载《学术界》2016 年第 8 期。
② 如根据乔治·安德森统计超过世界人口 40% 的 28 个国家都自称或被认为是联邦制，但这些国家并非都完全符合通行的联邦制标准，甚至有一些国家是高度中央集权的。参见 [加拿大] 乔治·安德森：《联邦制导论》，田飞龙译，中国法制出版社 2009 年版，第 1 页。也有研究称实行联邦制的 20 多个国家，除了名义上，几乎没有共同之处，参见 [英] 戴维·米勒、韦农·波格丹诺编：《布莱克维尔政治学百科全书》，中国问题研究所等组织翻译，中国政法大学出版社 1992 年版，第 255 页。
③ 参见 [英] 惠尔：《联邦政府》，傅曾仁等译，商务印书馆 1991 年版，第 296 页。
④ 参见 [英] 韦农·波格丹诺：《新英国宪法》，李松锋译，法律出版社 2014 年版，第 148-149 页。

划分不必然与政府间关系的集权或分权程度相联系也不能准确地反映变迁中的中央与地方关系时,这一概念的实际意义随之被削弱。①与其执着于历史性的定义,不如从宪法的规范构造和实际的政治过程着眼,探讨单一制下政府间关系的多种可能性。在法律意义上,存在集权型单一制与分权型单一制两种不同的制度模式,在不同制度下都要通过各种手段实现集权效果与分权效果的平衡。

(二) 集权型单一制与分权型单一制

大多数单一制国家都会划分行政区域并设立地方政府,根据中央政府与地方政府在法律上的关系可以将其分为集权型单一制与分权型单一制。在单一制产生的早期,大部分主权国家属于集权型单一制,强调中央政府对地方政府的绝对控制以及国家权力的整体性、同质性。现代社会随着民主化、分权化改革,地方政府通过地方自治制度获得了受法律保障的自主权,逐渐出现了分权型单一制。②

集权型单一制下,中央政府与地方政府之间是"委托—代理"的内部分工关系,这种关系主要有以下特征:首先,地方政府行政首脑由中央政府任免,并对中央政府负责;③ 其次,主权权力由中央政府独占,地方政府的权力由中央政府让与或委托,中央政府对地方权力的收放有高度的自主权;最后,中央政府对地方政府的监督

---

① 越来越多的研究认为,单一制与联邦制的区分更多地仅具有发生学上的意义,其实质内涵正趋向于融合与统一。参见王建学:《我国的地方自治:宪法文本的解读和现实状况的考察》,载廖新益主编:《厦门大学法律评论》总第12辑,厦门大学出版社2007年版;杨光斌:《国家结构理论的解释力与适用性问题》,载《教学与研究》2007年第7期;朱丘祥:《中央与地方行政分权的转型特征及其法治走向》,载《政治与法律》2009年第11期;熊建明:《论中央与地方权力的统合与分置——从单一制含义正误之思辨切入》,载《法治研究》2013年第10期;曾毅:《作为政体理论的联邦制与单一制——一种知识社会学的考察》,载《学海》2014年第3期。

② 参见熊文钊:《大国地方:中央与地方关系法治化研究》,中国政法大学出版社2012年版,第3页。

③ 参见张千帆主编:《宪法学》(第3版),法律出版社2014年版,第420页。

主要通过行政手段。具体到行政领域，集权型单一制表现为全国的行政事务集中于中央政府，没有地方的行政事务；地方行政机关是中央行政机关的分支机构，不属于国家以外的一个具有自主权力的主体。极端的中央集权制下，所有行政事务的决定权都集中于中央，地方行政机关只是执行中央行政机关的决定；行政首脑对全部行政活动、上级行政机关对下级行政机关的活动，可以当然控制，不需要法律的规定。①

分权型单一制下，中央政府与地方政府有相对独立的法律地位。双方可能在具体事务上仍存在"委托—代理"关系，但通过地方自治制度，地方的实体地位受到法律甚至宪法保障，地方政府不再是中央政府的分支机构。这种关系主要体现为：首先，地方议会和地方行政机构都由本地人民选举产生，并对选民负责、受选民监督；其次，地方政府对于地方事务具有自主性权力；最后，中央政府与地方政府的权力分割主要以法律形式确定，对法律确定的权力分配中央政府不能单方面改变。当然，地方作为相对独立的实体，仍然要受国家整体目标的拘束。在行政领域，中央与地方的关系主要表现为国家的委任行政以及国家对自治行政的监督。

在现代社会，集权型单一制在行政上有诸多弊端。极端的中央集权难以实现，主要是由于这种行政组织形式机构臃肿、行动迟缓，不利于执行行政职务。特别是在大国治理中，把地方行政机关作为中央行政机关的执行机关，"委托—代理"链条过长，很容易诱发代理人的机会倾向，加重监督成本。更重要的是，地方利益存在一定的正当性，地方政府在性质上也不可能完全作为中央政府的执

---

① 参见王名扬：《王名扬全集：英国行政法、比较行政法》，北京大学出版社 2016 年版，第 319 页。

行机关。这是因为长期生活在同一区域的居民在社会经济各项事务上休戚相关，有地区的需要，形成地区独有的传统，这种需要和传统在不与更大范围内的利益相冲突的情况下应该得到尊重和承认。[①]因此，与分权型单一制相比，即使通过权力下放能够解决部分效率问题，中央政府仍然要面对监督、确保下放权力依法、有效行使的压力，以及对于民主正当性的怀疑。

（三）单一制下集权效果与分权效果的实现

在法律意义的分权制和集权制之外，任何制度下都有分权和集权两种效果。一国在发展初期在联邦制和单一制之间做出政治选择，主要是受到历史条件、国际形势、国家规模和文化或族群结构等多重因素的影响。但无论是联邦制国家还是单一制国家都要在权力的集中行使与分散行使之间进行平衡：既需要国家一体性并促进不同地区的交往和人民福利的平等，也需要地方分权化和自主性带来的民主和效率的统一。在此意义上，集权与分权是一个相对性的、程度性的概念，一国的集权程度和方式不由它是单一制国家还是联邦制国家决定。即使是实行地方分权、建立了地方自治制度的国家也常常随形势变迁在集权与分权之间摇摆。无论是以上提到的分权型单一制国家还是集权型单一制国家，都能通过某些行政上的手段达到事实上权力集中行使或权力分散行使的效果，以至于一国行政权力的集中或分散的实际情况会呈现出比具体的制度选择更为复杂的面貌。下文将简要介绍在单一制国家中实现集权与分权的具体手段。

在中央与地方之间，常见的加强行政集权的手段包括以下几种：第一，国家派出机关的设置与加强。在集权型单一制下，地方政府

[①] 参见王名扬：《王名扬全集：英国行政法、比较行政法》，北京大学出版社2016年版，第319页。

作为国家派出机关；在分权型单一制下，国家在地方政府之外可以设置专门的派出机关执行国家公务。派出机关的权限取决于法律授权，在立法对同一事务不同层级政府概括性授权的情况下，中央政府有充分的空间指挥和监督地方，甚至可以通过派出机关使地方丧失辖境内部分事务的控制权。第二，增加中央委办事项。对于中央立法地方执行的委办事项，中央政府具有更广泛的监督权：不仅可以监督地方政府行为的合法性，还可以监督其合理性。但这也意味着在此类事项上地方立法机关无法有效监督地方行政，委办事项过多甚至会导致地方政府与派出机关同质化，压缩地方自治空间。[①] 第三，中央行政机关行政命令的周密化。中央政府通过发布详尽的行政命令或内部规则，可以达到指导、约束地方的功效；但过于细致的规范也可能压缩地方因地制宜的空间，并逐渐损害地方的自主性。

为了实现权力分散的效果，集权型单一制国家往往通过权力下放的形式使中央政府与地方政府共享部分决策权；而分权型单一制国家在承认地方相对独立的法律人格，实行地方分权之外，还要采取多种手段构建中央与地方的合作监督关系，避免地方自治的空洞化，如1985年欧洲议会通过了《欧洲地方自治宪章》对地方自治的法律基础、概念、范围、组织形式、保障措施等加以规定。承认地方在法律上的人格只是制度化分权的第一步，在此之外还需要完善地方公共团体的民主结构、保障地方公共团体拥有充分的自治权限与足够的财源提供相应的行政服务。

政治上或行政上的分权集权效果与法律上的集权型单一制与分权型单一制是两个范畴的概念。前者并不是一次性的制度选择，而

[①] 参见陈建仁：《单一制国家中央与地方伙伴关系之建构——以日本地方分权改革为例》，载《东吴政治学报》2008年第4期。

是需要根据不同的目的通过一系列的手段达成，集权型单一制未必能保障权力的集中行使，分权型单一制也可能出现集权倾向。对于单一制国家而言，中央管辖地方的传统和现代国家对经济计划和福利政策的强调都会引发政府的集权倾向，而集权超过必要限度则会带来压制地方自主性的风险。因此，在分权和集权的效果间有必要进行不断的平衡。

二、我国宪法是否规定了集权型单一制

一种有代表性的观点认为，尽管我国自改革开放以来在各个领域进行了广泛的权力下放试验，但宪法上规定的地方政府作为中央政府执行机关的格局没有改变，中央集权是中央与地方关系的主调，[①] "充分发挥地方的主动性、积极性"的原则只是"中央的统一领导"的补充，且其手段是多样的，"可以是权力下放，也可以是政策优惠，可以权力下放，也可以不下放，可以下放这些权力，也可以下放那些权力，可以下放权力，也可以收回权力，主动权完全在中央"[②]。根据这种解释，我国宪法规定了中央集权型的国家结构形式，难以为地方分权提供规范基础。这种解释对我国反复出现的"放权—收权—再放权"的现实有一定的说明作用，但认为我国宪法在行政权的纵向配置上完全采取了中央集权模式未免有失偏颇。把我国行政体制上的集权倾向归因到宪法规定的行政组织形式和职权划分原则，更有因果倒置之嫌，忽视了宪法加强地方政权建设、扩大地方政府职权和自主性的倾向。因此，对相关规范的解释应该结

[①] 参见朱丘祥：《中央与地方行政分权的转型特征及其法治走向》，载《政治与法律》2009年第11期。

[②] 马岭：《我国单一制国家结构形式的特点》，载《河南财经政法大学学报》2017年第6期。

合历史发展、规范现状、制度实践以及改革趋势进行综合考虑。一般认为，我国《宪法》规定了中央集权的行政体制主要有两个依据：一是《宪法》第3条第4款中规定的中央的统一领导的原则；二是地方政府作为地方国家行政机关受国务院统一领导的规定。下文也将围绕这两方面进行探讨。

（一）对中央和地方的国家机构职权划分条款的解读

1. 原则性规范的宪法释义

尽管我国《宪法》第3条第4款确立了处理中央与地方关系的基本原则，但对该条款的分析却丰富而不深入。主流观点认为这一条款具有模糊性和策略性。例如，苏力认为这种模糊性和策略性本身就是对制度化分权的否定；① 进而有研究者认为该条款"缺乏操作性"②，相应地也就缺乏规范上的可分析性。

事实上，与其他部门法相比，宪法所具有的一大特征即在于宪法中存在大量的原则性规范和政策性规范，这些规范"通常是模糊、具有弹性的，立法者通过实施法赋予其确定的含义，这和法官之厘清所将适用的法律的含义完全一样"③。宪法条款的抽象性乃至开放性不仅不排斥解释，甚至其意义就在于为解释和发展预留空间，使其能够成为一个开放的说服平台；这也是宪法正当性和持久性的来源之一。④ 同时，由于不同类型的规范有着不同的规范目的，构成了对政治行为不同形式的规制，也意味着不同程度的限制和委托。就

---

① 参见苏力：《当代中国的中央与地方分权——重读毛泽东〈论十大关系〉第五节》，载《中国社会科学》2004年第2期。
② 冯舟：《论宪法第三条第四款：也读毛泽东〈论十大关系〉第五节》，载《政法论坛》2007年第5期。
③ [德]格奥尔格·耶利内克：《宪法修改与宪法变迁论》，柳建龙译，法律出版社2012年版，第14页。
④ See J. M. Balkin, *Living Originalism*, Harvard University Press, 2011, p. 17.

其解释问题，根据德沃金对原则和规则的著名区分，原则不具有确定的范围和边界，同时不具有决定性，对其适用并非"全有或全无"模式，解释者要平衡原则和其他因素。①

我国《宪法》第3条第4款对中央与地方国家机构职权的划分就是典型的原则性规范。这意味着以下几点：首先，其所具有的抽象性、模糊性特征并不排斥规范性解释②；其次，宪法采取原则性规范意味着对宪法阐释者（包括执政党、立法机关、行政机关、司法机关等在内的政治参与者）在此问题上给予更高程度的委托，这不仅是特定历史时期"反定型化的宪法策略"，更表明就此问题在宪法框架下存在广泛的制度试验空间；最后，对这一原则性规范的解释要考虑其他宪法原则，并在具体情境中进行平衡。具体而言，"中央的统一领导"是不是对中央集权制的确认，③ "充分发挥地方的主动性、积极性"是不是在"中央的统一领导"下的补充性原则，无法仅根据文字表述进行释义，应结合宪法的整体结构、制定历史和实践发展予以理解。

2. 宪法文本结构的分析：民主集中制下的规模问题

从宪法文本结构看，中央与地方国家机构职权划分原则是民主集中制的一部分，要把《宪法》第3条第4款放在第3条④的整体结

---

① See Dworkin R., *Taking Rights Seriously*, Harvard University Press, 1978, p.22-25.
② 参见郑毅：《论中央与地方关系中的"积极性"与"主动性"原则——基于我国〈宪法〉第3条第4款的考察》，载《政治与法律》2019年第3期。
③ 对此观点的主张，参见马岭：《我国现行〈宪法〉中的民主集中制原则》，载《云南大学学报（法学版）》2013年第4期。
④ 我国《宪法》第3条规定："中华人民共和国的国家机构实行民主集中制的原则。全国人民代表大会和地方各级人民代表大会都由民主选举产生，对人民负责，受人民监督。国家行政机关、监察机关、审判机关、检察机关都由人民代表大会产生，对它负责，受它监督。中央和地方的国家机构职权的划分，遵循在中央的统一领导下，充分发挥地方的主动性、积极性的原则。"

构中。该条第 1 款是对民主集中制作为国家机构组织原则的宣告，第 2 款确立了民主集中制下各级人大的民主基础，第 3 款和第 4 款分别是民主集中制的横向和纵向政制结构。[①] 对此，一个重要的分歧是直接规定民主集中制的第 1 款与后 3 款的关系，即民主集中制究竟是作为一个整体起统领作用并在后 3 款中都有完整体现，还是后 3 款分别体现"民主原则"或"集中原则"从而共同组成了民主集中制。在此问题上的分歧将影响对《宪法》第 3 条第 4 款的解读。

有学者认为，在后 3 款中，只有第 2 款体现了民主集中制中的民主原则，而第 3 款和第 4 款分别规定了国家机构的横向集中和纵向集中，并进而认为第 4 款作为"集中原则"是对中央集权制的确认。[②]

这种把民主集中制分解为"民主原则"与"集中原则"，并认为民主原则仅体现在代议机关与人民的关系上的观点未免过于机械、片面。事实上，民主集中制是对《宪法》第 2 条规定的人民主权原则的延伸。在 1954 年《宪法》和 1978 年《宪法》中，对民主集中制的规定都作为人民主权条款的一部分；[③] 宪法把民主集中制单独列为一条，并增加 3 款表明内容，不仅凸显其重要性，也丰富了这一条款的内涵。[④]

民主集中不仅体现在人民与国家权力机关的关系上，也体现在国家权力机关与其他国家机关、中央国家机关与地方国家机关的关

[①] 参见王建学：《论地方政府事权的法理基础与宪法结构》，载《中国法学》2017 年第 4 期。

[②] 参见马岭：《我国现行〈宪法〉中的民主集中制原则》，载《云南大学学报（法学版）》2013 年第 4 期。

[③] 1954 年《宪法》第 3 条第 2 款；1978 年《宪法》第 3 条第 2 款。

[④] 参见蔡定剑：《宪法精解》，法律出版社 2006 年版，第 171-172 页。

系上，而地方分权能够作为一种民主程序的机制。① 具体而言，民主集中制原则既包括实现民主正当性的设立规范，也包括实现治理有效性的活动规范。② 这与《宪法》第 2 条对人民主权原则的阐释一脉相承，第 2 条第 2 款规定"人民行使国家权力的机关是全国人民代表大会和地方各级人民代表大会"，人民通过全国人民代表大会和地方各级人民代表大会行使国家权力；以代议机关为手段行使不仅包括选举、监督人民代表大会的权力，还包括利用人民代表大会创设并监督其他国家机关的权力。此外，在规定代议机关作为人民行使国家权力的机关之后，《宪法》第 2 条第 3 款又承认了人民可以依法"通过各种途径和形式"参与各项事务的管理，隐含承认了民主具有多种"途径和形式"。在现代社会，公民参与要求持续在各个层级以不同方式展开，地方分权通过把权力转移给各级政府，公民参政机会和能力也能相应得到提高。

这是因为在具有多种"途径和形式"的同时，民主也存在不同层次和规模的问题，其运行的一个自然困境就是"民主的单位越小，公民参与的可能性就越大，公民把政府决策的权力移交给代表的必要性就越小；而单位越大，处理各种重大问题的能力就越强，公民把决策权移交给代表的必要性就越大"③。这种民主的规模困境会直接体现在中央与地方的关系上，"在中央的统一领导下，充分发挥地方的主动性、积极性"就是在不同规模民主单位的体制效率与自身限制上寻求一种微妙的平衡，民主集中制也因此在《宪法》

---

① 参见［瑞士］J. 布莱泽编：《地方分权：比较的视角》，肖艳辉、袁朝晖译，中国方正出版社 2009 年版，第 17 页。
② 参见王旭：《作为国家机构原则的民主集中制》，载《中国社会科学》2019 年第 8 期。
③ ［美］罗伯特·达尔：《论民主》，李柏光、林猛译，商务印书馆 1999 年版，第 119 页。

第 3 条第 4 款中得到完整体现。"中央的统一领导"并非民主原则的对立面,最终仍以人民主权为基础和归宿,把"中央的统一领导"作为集中制的体现,并把"发挥地方的主动性、积极性"置于附属地位,实质上是将民主与集中相对立,忽视了民主的规模与层次问题。

3. 修宪历史的回顾:反思下的指导性授权

从宪法的制定历史看,也不宜将《宪法》第 3 条第 4 款视作对中央集权制的规定。相反,宪法对中央与地方职权划分的原则性规定正源于对过去中央集权弊病的反思,是在意识到纵向分权必要性又受制于分权经验不足的情况下,对未来制度试验的指导性授权。1982 年宪法修改委员会第三次会议在对《宪法》第 3 条讨论的过程中,彭真就指出,"过去是中央集权,一统就死,一放就乱。太集权了。美国各州有权,发展很大……对大国来说,客观上不可能不一统就死。怎样分? 只好原则些。现在搞了一点,但还不很清楚"[①]。可见,适当分权是当时改革的方向,这一点同样体现在彭真代表宪法修改委员会向全国人大常委会做出的报告上,报告中指出宪法草案"根据发挥中央和地方两个积极性的原则,规定中央和地方适当分权,在中央的统一领导下,加强了地方的职权……我们国家很大,一个省就有几千万以至上亿人,相当一个大、中国家,各地政治、经济、文化发展很不平衡,这样规定,有利于各地因时因地制宜,发挥主动性、积极性,加速整个国家的建设"[②]。

中央与地方适当分权,加强地方职权的改革方向体现在这次宪法修改的诸多条款上,包括:在县级以上地方人民代表大会设常务委员会,以发挥地方权力机关的作用;赋予省级人民代表大会和它

[①] 许崇德:《中华人民共和国宪法史》,福建人民出版社 2005 年版,第 677 页。
[②] 彭真:《关于中华人民共和国宪法修改草案的说明》。转引自许崇德:《中华人民共和国宪法史》,福建人民出版社 2005 年版,第 701-702 页。

们的常务委员会制定地方性法规的权力；加强了民族区域自治制度，扩大了民族区域自治地方的权力；扩大了基层自治，实行农村村民自治制度等。这些措施都显示了1982年《宪法》对集权制弊端的反思和对纵向分权试验的开放态度。因此，不应脱离制宪背景特别是其指导精神来解释宪法文本，将"中央的统一领导"等同于中央集权制。

4. 宪法变迁视角的观察：制度性分权的逐步发展

要结合宪法制度的实践发展理解《宪法》第3条第4款，重视宪法变迁的作用和影响。之所以要重视宪法变迁，是因为宪法文本是一个框架、一个基本的政治规划，其中大量原则性、政策性条款不仅留下了解释空间，也提出了宪法任务——每一代人都有责任建构政治制度，通过立法、司法具体化并实施宪法原则。① 因此，国家的建构实践与政治机关的宪法解释、司法机关的宪法判例一样是理解宪法条款的重要材料。在中央与地方关系上，1982年《宪法》提出了"在中央的统一领导下，充分发挥地方的主动性、积极性"的原则，并对适当分权做出了初步尝试。但受经验限制，更是由于问题的复杂性，在宪法的规范框架下存在广泛的空间；对此，不同形式的宪法发展不仅是义务，也是一种必然。20世纪80年代以来，在宪法文本之外，通过立法等制度实践，中央政府与地方政府在职权分配、地位和关系上都实现了重要的变迁，特别是在立法权的分配与财政关系上已经形成了基本的制度性分权方案；这些制度实践同样是理解宪法原则的重要窗口。②

---

① 参见［美］杰克·M. 巴尔金：《活的原旨主义》，刘连泰、刘玉姿译，厦门大学出版社2015年版，第3页。

② 参见林彦：《通过立法发展宪法——兼论宪法发展程序间的制度竞争》，载《清华法学》2013年第2期。

在立法权的分配上，1982年《宪法》放弃了全国人大行使"唯一立法权"的做法，[①] 赋予省级人民代表大会及其常务委员会制定地方性法规的权力，[②] 并在"总纲"部分规定了法制统一原则和法律、法规基本的效力等级。[③] 这为立法权在中央与地方间的分配提供了框架；但无论是从观念上还是在实践中，中央对立法权的垄断都是逐步被突破的。首先，1982年《宪法》制定时，"唯一立法权"仍然被作为一种有力的观点得到充分讨论，出于"发挥中央与地方两方面的积极性"的需要而未被采纳，但仍具影响力，而"地方立法""地方立法权"的概念尚未被完全接受。其次，在宪法制定之初，不仅"制定地方性法规"的主体仅限于省一级人民代表大会及其常务委员会，理论讨论上也有学者认为地方并不享有独立的立法权，它们进行的立法工作只是由全国人大立法权派生的。[④] 地方立法权的确立和扩容是一个渐进的过程，不仅享有立法权的主体逐步扩张，随着《立法法》提出"地方性事务"的概念，地方性立法权的独立性也得到承认。

在财政关系上，尽管宪法文本对此着墨不多，但其无疑是中央与地方关系的重要方面。[⑤] 所谓财政，包括"财"和"政"两个方面：前者即政府对税收以及其他公共性收入的分配与支出；后者指政府使用这些公共收入时，不但将其作为宏观经济的调控手段，而

[①] 1954年《宪法》第22条。
[②] 1982年《宪法》第100条。
[③] 1982年《宪法》第5条第2款、第3款。
[④] 参见戚渊：《立法权概论》，载《政法论坛》2000年第6期；蔡定剑：《宪法精解》，法律出版社2006年版，第184页；袁明圣：《宪法架构下的地方政府》，载《行政法学研究》2011年第1期。
[⑤] 参见欧树军：《"看得见的宪政"：理解中国宪法的财政权力配置视角》，载《中外法学》2012年第5期；张千帆：《中央与地方财政分权——中国经验、问题与出路》，载《政法论坛》2011年第5期。

且用它平衡地区、居民间的收入分配,规范和控制政府官员的行为。[1] 在这两个方面,无论是宪法制定之前还是实施之后都经历了一系列的制度尝试,尽管这些制度实践未见于宪法文本,甚至没有通过立法的形式展开,但对央地关系产生了实质性影响,是理解处理央地关系的宪法原则的重要窗口。中华人民共和国成立以来,我国财政体制经历了"统收统支、高度集权"(1950—1979 年)、"收支划分、分级包干"(1980—1993 年)、分税制(1994 年至今)三个阶段。[2] 从 20 世纪 80 年代的放权让利试验开始,地方政府逐步获得了事实上的财政自主权。[3] 事实上,在相当长的时间里对中央与地方的事权分配的研究主要围绕财政分权展开,甚至被认为"寄寓在财政分配的背景下"[4]。而财政进路的研究通常以效率为标准,根据公共产品理论下"不同级别的政府具有不同的比较优势,适合于处理具有不同复杂程度的事务和提供不同类型的公共服务"[5] 的预设,适当的分权一直被作为中国经济迅速发展的重要动力。[6] 事实上,如果仅从财政角度看,根据通行的地方政府财政支出(或收入)占比标准来看,改革开放以来中国甚至跻身于财政分权程度最高的

---

[1] 参见周飞舟:《分税制十年:制度及其影响》,载《中国社会科学》2006 年第 6 期。

[2] 参见熊伟:《财政分税制的规范意旨与制度进阶》,载《苏州大学学报(哲学社会科学版)》2016 年第 5 期;楼继伟:《中国政府间财政关系再思考》,中国财政经济出版社 2013 年版,第 3-9 页。

[3] 参见徐键:《分权改革背景下的地方财政自主权》,载《法学研究》2012 年第 3 期。

[4] 郑毅:《中央与地方事权划分基础三题——内涵、理论与原则》,载《云南大学学报(法学版)》2011 年第 4 期。

[5] 楼继伟:《中国政府间财政关系再思考》,中国财政经济出版社 2013 年版,第 151 页。

[6] 参见许成钢:《政治集权下的地方分权与中国改革》,载《比较》2009 年第 36 期。

国家之列。① 但财政分权的意义并不止于经济层面，还在于它唤醒了地方政府的"主体意识"，建立了独立的征税机构，在事实上孕育着地方自治的因素。②

从宪法实施以来立法权的分配和财政关系的调整来看，"地方性事务""地方利益"在事实上乃至法律上被承认是主要的发展趋势，这体现了在中央与地方关系原则上的探索。在这一过程中并没有一味地强调"中央的统一领导"或"地方的主动性、积极性"，而是从效能出发尽量实现二者的平衡。同时，受原有的计划体制下权力过于集中的影响，改革整体上以"放权"为方向，单独强调"中央的统一领导"并将其作为对中央集权制的规定，这种观点并不能与宪法实施以来重要的制度实践相契合。

总之，《宪法》第3条第4款是我国宪法处理中央与地方关系的原则性条款，也是中央与地方关系上的"阿喀琉斯之踵"，法学研究对其关键概念和规范内涵的剖析尚嫌粗疏。③ 上文从文本结构、制宪历史和宪法变迁的角度对这一条款进行了分析，认为"中央的统一领导"与"充分发挥地方的主动性、积极性"构成一对矛盾，是民主集中制在权力纵向配置领域的体现，关键在于处理不同层次民主间的关系，因此不宜依字面解释将其作为"独尊中央"的条款，忽视其中追求中央与地方关系动态平衡的意涵，以及对适当分权的容许和授权。如果说动态的职权划分原则并不足以支持中央集权

---

① See Landry, P. F., *Decentralized Authoritarianism in China*, Cambridge University Press, 2008, p. 3.

② 参见王理万：《中央与地方财政分权的合宪性检视》，载《上海政法学院学报（法治论丛）》2014年第1期；苗连营、王圭宇：《地方"人格化"、财政分权与央地关系》，载《河南社会科学》2009年第2期。

③ 参见郑毅：《规范文本、政制实践与学科贡献——一种中央与地方关系法治研究的前言》，载《中国法律评论》2018年第1期。

制，那么还要分析宪法上静态的行政组织架构是否体现甚至规定了中央集权制。

(二) 地方政府的双重属性及不同属性下的矛盾与冲突

判断行政体制是否属于中央集权制的关键在于中央行政机关与地方行政机关的关系。所谓中央集权制的行政组织指的是地方行政机关是中央行政机关的分支机构，仅执行中央行政机关的决定，而不是国家以外的一个有自主权力的行政主体。[1] 我国宪法在中央政府与地方政府的关系上作出了领导与被领导的规定，具有明显的中央集权色彩，但宪法同样规定了地方各级人民政府是地方各级国家权力的执行机关，地方政府具有双重性质。这种安排不仅体现了集权制下的科层式分工，也为自治性分权留下空间。

1. 地方国家行政机关——集权制下的科层分工

宪法规定地方人民政府作为国家行政机关，对上一级国家行政机关负责，受国务院统一领导，[2] 这体现了我国行政体制的集权倾向。我国国家行政机关由中央人民政府和地方各级人民政府及其所属部门构成，其中"地方"包括"省、自治区、直辖市、特别行政区、市、县、乡、镇"等所有非中央的区域或单位。所谓"地方国家行政机关"，"地方"与"国家"并列，前者从地域管辖角度强调区域性与"全国""中央"等概念相对应，而后者则强调其隶属性，表明它是中央行政机关设在地方上的行政机关，在一定区域内执行中央行政机关的事务、行使中央行政机关下放的权力。

这在宪法上具体表现为：第一，中央人民政府与地方各级人民

---

[1] 参见王名扬：《王名扬全集：英国行政法、比较行政法》，北京大学出版社2016年版，第319页。

[2] 参见《宪法》第110条第2款。

政府、地方各级人民政府与下级人民政府之间是领导与被领导、命令与服从的关系（《宪法》第89条第4项、第108条、第110条第2款）；第二，中央人民政府规定中央和省、自治区、直辖市的国家行政机关的职权的具体划分（《宪法》第89条第4项）；第三，中央人民政府对地方各级人民政府、上级地方人民政府对下级地方人民政府不适当的决定和命令有权改变或者撤销，即具有一般监督权（《宪法》第89条第14项）；第四，中央人民政府在行政区域划分上的批准权（《宪法》第89条第15项）；第五，中央人民政府有权审定行政机构的编制（《宪法》第89条第17项）；第六，地方各级人民政府对上一级国家行政机关负责并报告工作（《宪法》第110条第2款）。从以上条款可以看出不同层级的国家行政机关形成了一个严密的科层体系，在此科层体系中，下级机关作为上级机关的执行机关，上级机关对下级机关的全部活动都可以进行控制，不仅可以对活动的合法性进行监督，也可以对其合理性进行监督。在实践中，国务院可以通过行政规定的形式设立、变更或撤销各类行政机构，规定行政机关的行为准则与责任，分配工作任务，这些行政规定不仅通过层级传达在行政组织内部产生约束力，还会间接地产生外部效力。① 这种科层分工以组织的上下一体为前提，以至于有学者认为，我国的地方政府并不能作为一级独立的行政主体，而更偏重于中央政府的执行体或中央政府在地方的代理人，② 中央地方关系演变为主管机构和派出机构的关系。③

---

① 参见贾圣真：《论国务院行政规定的法效力》，载《当代法学》2016年第3期。
② 参见袁明圣：《宪法架构下的地方政府》，载《行政法学研究》2011年第1期；朱丘祥：《中央与地方行政分权的转型特征及其法治走向》，载《政治与法律》2009年第11期。
③ 参见谢晖：《地方自治与宪政》，载《行政管理改革》2012年第12期。

2. 地方国家权力机关的执行机关——自治性分权的空间

地方人民政府不仅是国家行政机关也是地方国家权力机关的执行机关,[①] 由本级人民代表大会产生,对它负责,受它监督。[②] 从宪法对人民代表大会代表产生形式的规定来看,无论是县级及以下人民代表大会代表由选民直接选举产生,还是县级以上人民代表大会代表由下一级人民代表大会选举产生,代表基本以地域为基础自下而上产生,蕴含着民主正当性自下而上的传输。这意味着各行政区域不仅是行政任务分配的基本单位,更是人民行使权力的基本单位,地方各级人民代表大会作为代议机关,决定本区域内的重大事项,体现了对同一区域人民自我治理权利的承认。地方人民代表大会在产生上的地方性以及对其治理权的承认,都为某种程度上的自治性分权提供了空间。

作为本级人民代表大会的执行机关,地方政府的"地方色彩"也得到了宪法承认。首先,从宪法的章节、条款安排上,地方各级人民政府与地方各级人民代表大会的关系更为密切。在"国家机构"一章的安排中,地方各级人民政府与地方各级人民代表大会规定在同一节,而在"国务院"一节中仅对各部、各委员会以及审计机关的设置进行了单独规定;[③] 在地方人民政府性质界定上,地方人民政府首先作为权力机关的执行机关之后才是国家行政机关;[④] 在地方人民政府的双重领导体制条款中,也先在第1款规定了地方人民政府对本级人民代表大会负责并报告工作,之后才在第2款中规定其与

---

① 《宪法》第105条第1款。
② 《宪法》第110条第1款。
③ 《宪法》第90条、第91条。
④ 《宪法》第105条第1款。

上级人民政府的关系。① 其次，从地方人民政府的产生来看，地方各级人民政府的主要负责人都由地方人大选举和任命，② 政府任期与本级人民代表大会任期相同，③ 反映了地方人民政府从属于地方人大的特性。最后，地方政府与地方人大的一体性也体现在宪法对这二者对地方事务治理权限的规定上，宪法分别规定了地方人大对地方事务"审查和决定"的权力和地方政府对地方事务"管理"的权力，二者在形式上存在分工，共同构成了对地方事务的治理权，并最终作为一个整体对人民负责。

3. 不同属性下的矛盾与冲突

可见，宪法上的地方人民政府兼具"国家"属性和"地方"属性，既是国家设在地方的行政机关，作为科层组织的一环，遵循行政一体原则；又是地方人民代表大会的执行机关，是地方化的组织，具有主体性。地方人民政府的组织活动原则上的双重领导、双重负责制反映了这种双重属性。

同时，不同属性下的地方人民政府的具体的领导方式和责任性质也有所差别。例如，地方人民政府对本级人大负有政治责任，出于民主原则的要求，作为一个整体向产生自己的机关负责。这种责任强调回应性，通过法律要求的形式和程序予以保障，如定期报告工作制度。而地方人民政府对上级政府所负的是行政责任，责任来自科层制下的行政权力，表现为要完成上级政府的指示、命令，这种责任强调效率。具体体现为上级政府有权纠正下级政府的错误，对违反上级政府命令指示的下级政府领导人，可以给予行政处

---

① 《宪法》第 110 条。
② 《宪法》第 101 条第 1 款。
③ 《宪法》第 106 条。

分，"报告工作"则表现为上级政府有权要求下级政府随时汇报工作，不同于人民代表大会那样定期全面报告工作。①

在全国性事务和地方性事务无法明确界分的情况下，地方人民政府就特定事务应向谁承担何种责任往往是模糊的。有学者认为，"从法律上看，对本级人民代表大会负责是实的，对上负责和对国务院负责是虚的。而实际上，对上负责对国务院负责是实的，对本级人民代表大会负责比较虚"，进而倡导落实宪法，"建立真正的对本级人民代表大会负责的制度"②。然而，在地方人民政府负有双重责任的情况下，仅强调落实地方人民政府对本级人大的责任，并不能解决责任模糊、责任冲突问题，甚至可能彰显"一实一虚"情况下隐而不见的矛盾与冲突。

宪法规定的行政体制明显具有中央集权色彩，直接体现为国务院统一领导地方各级国家行政机关的工作，并延伸到上级国家行政机关对下级国家行政机关的领导。从国家行政机关内部的科层关系看，这种行政体制符合中央集权制的典型特征。但与此同时，宪法对中央与地方关系原则的规定以及地方制度的规定又体现出分权倾向，由此产生的直接后果是科层式分工与自治性分权并存的局面，这也使我国难以被简单地划入集权型单一制和分权型单一制的分类中。

(三) 未定型的单一制

单一制下大国治理面对的规模困境会被放大，随着疆域和人口规模的扩大，在治理上会出现规模不经济的现象。③ 这主要是出于以

---

① 参见蔡定剑：《宪法精解》，法律出版社 2006 年版，第 422 页。
② 参见蔡定剑：《宪法精解》，法律出版社 2006 年版，第 422 页。
③ See Alesina, A. & Spolaore, E., *The Size of Nations*, Mit Press, 2005, p. 4. 周雪光：《国家治理规模及其负荷成本的思考》，载《吉林大学社会科学学报》2013 年第 1 期。

下两点原因：首先，大国治理难以避免地域差异、发展不平衡等问题，并由此产生政策多样性的需求，对法律、政策一致性的强调会带来效率上的损失；其次，随着国家规模的增加，自上而下监督、控制的成本升高，也会产生效率问题。因此，以人口规模和领土面积为标准，大部分一般意义上的"大国"都采取了某种联邦制结构。[①]

中华人民共和国是单一制国家得到了宪法学通说的承认，但我国宪法既没有明确规定单一制的基本原则，也没有明确规定某一种类型的单一制，相反，集权型单一制和分权型单一制的特征同时呈现在宪法对国家纵向结构的规范中。有学者以"反定型化"的宪法策略解释我国中央与地方关系上的多元性与差异性，认为宪法上抽象化的规定能够在一定程度上解决法制统一和多元竞争之间的关系。[②]

然而，"反定型化""宜粗不宜细"的策略也使我国的地方制度曾长期处于一种未定型的状态，既在制度上保留了集权制的传统，又有明显的分权倾向。前文已论及法律制度上的集权制和分权制与价值倾向或政治效果上的集权与分权不同，它并不是一个相对意义上的程度性概念，而是两种完全不同甚至互斥的制度安排。原则可以也有必要通过抽象化保持模糊和动态平衡，而法律制度则必然是具体的。宪法中在法律制度层面规定的集权型组织规范和分权型组织规范可能在实践中发生冲突。"反定型化"的策略试图使中央政府既获得科层制下的权威又迎合多元治理的需要，但也可能达不

[①] See Chung, J. H., *Centrifugal Empire: Central-Local Relations in China*, Columbia University Press, 2016, p.2.

[②] 参见田雷：《"差序格局"、反定型化与未完全理论化合意 中国宪政模式的一种叙述纲要》，载《中外法学》2012年第5期。

到预期效果。制度上未定型或难以定型最为直接的后果是难以确定双方的责任，而权力的风险往往不在于集中或分散而在于是否应责。法律上集权型单一制与分权型单一制的划分不仅是在事实上达到集权或分权效果的一种技艺，更重要的功能是使组织形式与权责归属相适应。

三、科层制分工与自治性分权的混同与冲突

（一）分工与分权的比较辨析

所谓自治性分权，并不是说分权存在自治性类型或非自治性类型，而是说"自治性"是对分权的解释，分权以组织上存在自治特征为前提，并与分工相区别。分工与分权在组织关系与原则、权限划分、责任承担等方面存在明显差别。

在组织关系与原则上，科层制分工处理同一组织内部关系，而自治性分权是处理组织间关系。所谓科层制（Bureaucracy），是指一种组织类型。这种组织是为了系统协调许多人的工作以完成大规模行政任务而设计的，组织内部的分工以及伴随分工的控制与协调都是为了提高行政效率，科层制组织原则的目的就是创造有效率的组织。[①] 自治性分权则是组织间关系，一般建立在组织分立的基础上，是为了搭建起一个自我组织、自主治理和自责自负的自治空间。

在权限划分上，组织内部的分工由上级决定权限的划分与更改，组织间的分权由法律规定权限且不能被单方面更改。科层组织内部一般存在严密的等级，纵向分工的主要形式是权力下放，在性质上属于行政组织内部的权力分配，既可能以法律形式决定，也可

[①] 参见［美］彼得·布劳、马歇尔·梅耶：《现代社会中的科层制》，马戎、时宪民、邱泽奇译，学林出版社2001年版，第1-2页。

能由上级行政机关以行政命令的形式决定,上级行政机关在权限划分上处于优越地位。而自治性分权是两个主体之间的权限分配,一般只能由法律决定,中央政府亦不能超越权限或单方面地改变权限,中央对地方的监督也要依照法律规定的范围和程序,没有无法律的监督,也没有超越法律的监督。①

在责任承担上,分工强调内部的层级责任,分权则强调对外的独立责任。内部层级责任是科层组织运行的关键,在行政等级制度内的每一层级要能够在上级面前为自己和自己下属的决定和行为负责,对上级应责与为下属行为负责共同保障科层制的运行。正是因为每一层级要为下级的工作承担责任,上级才获得了相对于下级的权威性,这意味着上级有发号施令的权力,下级有服从的义务。自治性分权则强调对外的独立责任,责任自负是自治的构成性特征,在《布莱克维尔政治学百科全书》中自治就被理解为"某个人或集体管理其自身事务,并且单独对其行为和命运负责的态度"②。通过分权,自治体作为一个主体对外独立承担责任。

(二) 宪法中的分工关系与分权关系

我国宪法规定了不同层级政府间的分工关系与分权关系。在逻辑上,分工关系以组织一体为前提,分权则以组织独立为前提。尽管在事实上同一机关可以既是国家的权力下放机关又是地方自治机关,但两种关系长期混同必然会发生冲突。

首先,在科层制分工上,我国地方政府作为国家行政机关的属性凸显了政府间的分工关系。国家行政机关构成一个严密的科层组

---

① 参见王名扬:《王名扬全集:英国行政法、比较行政法》,北京大学出版社2016年版,第329页。

② [英] 戴维·米勒等主编:《布莱克维尔政治学百科全书》,中国政法大学出版社2002年版,第693页。

织，各级国家行政机关受最高国家行政机关的统一领导并对上一级国家行政机关负责；在权限划分方面，上级机关处于优越地位，甚至可以单方面决定某些权限划分，如国务院可以决定其与省级国家行政机关间职权的具体划分；① 在责任承担方面，上级机关的领导权强化了内部的层级责任，上级机关可以改变或撤销下级机关不适当的决定，既加强了自身追责和问责的能力，也削弱了下级机关作为独立主体对外负责的能力，同时发号施令的权力和服从的义务还意味着上级机关需要为下级机关的行为对外负责。

至于我国各级政府间是否还存在一般的自治性分权关系则存在疑问。这里讨论的"一般的自治性分权关系"中的"一般"指的是中央与地方关系的普遍模式，不包括"民族区域自治"、"特别行政区高度自治"和"基层群众性自治"所明确的自治制度。上文已经反复强调分权的前提是组织的自治，宪法文本只在"民族自治地方的自治机关"一节和"基层群众性自治组织"一条中使用"自治"这一词语，此外，宪法授权全国人民代表大会以法律形式规定特别行政区实行的制度，两部基本法以"高度自治"一词定位特别行政区与中央的关系，② 即在宪法明示的概念体系中，"自治"一词仅仅是特殊用法，并未与我国普通地方单位建立联系。③ 但宪法概念和用语仅仅是理解宪法文本的一个因素，宪法对"自治"一词的使用也不具有排他性，自治有不同的程度和形式，判断我国普通地方单位是否有自治属性或其机关是否行使自治性权力仍然需要从实际的制

---

① 《宪法》第 89 条第 4 项。
② 我国宪法和法律对"自治"的使用倾向于承认事务的自我决定权，而较少的涉及组织上的自治，如"民族自治地方的自治机关"仍然属于地方国家行政机关，"高度自治"的特别行政区的公法人地位同样未被法律明确承认。
③ 参见王建学：《作为基本权利的地方自治》，厦门大学出版社 2010 年版，第 190 页。

度构造着手分析。

通过比较科层式分工与自治性分权可知,二者最大的差别在组织观念上。前者是同一组织内部关系,后者则是组织间关系。判断是否存在自治性分权,首先要判断"地方"是否能够成为分权载体,是否具有相对独立的组织地位。在一些国家,通常由公共团体特别是地方自治团体行使自治权。例如,在法国,地方分权依托于地方公共团体。地方公共团体是具有公法人人格、负责地方性事务、有独立于中央权力的自治权并在行政管辖上具有一定决定权的组织。[1] 我国虽然还没有这种典型意义上的地方公共团体,但考察宪法上的地方制度可以看到地方人民政府并不完全是中央政府或上级政府的执行机关,它在组织上具有相对于中央政府和上级政府的独立性,并与地方人大共同构成了地方治理的主体。

我国宪法并没有直接赋予"地方"法人地位,把地方人民政府和地方人大作为法人机关。但宪法规定了地方人民政府作为地方人大执行机关的地位。前文讨论了地方人民政府的双重身份,其相对于上级政府的独立性正体现在地方人民政府作为地方人大执行机关,与地方人大一起在宪法上构成一个具有独立地位的整体。《宪法》承认人民代表大会和人民政府作为一个整体行使权力的典型是民族自治地方的自治机关,在第112条和第115条规定"自治机关是自治区、自治州、自治县的人民代表大会和人民政府"以及"自治机关行使宪法第三章第五节规定的地方国家机关的职权,同时依照宪法、民族区域自治法和其他法律规定的权限行使自治权"。其中,自治机关是"人民代表大会和人民政府"的表述有别于"人民

---

[1] 参见[法]让-玛丽·蓬蒂埃:《法国行政分权视阈中的地方公共团体研究》,施思璐译,载《天津行政学院学报》2014年第1期。

代表大会和人民政府（分别）是自治机关"，从主语的单一性能够推导出人民代表大会和人民政府在此作为一个整体，共同构成民族自治地方的机关。而民族自治地方也是我国宪法上最接近地方公共团体的概念。

那么，普通地方人民代表大会和地方人民政府在宪法上是否具备类似的整体地位，"地方"是否具有团体地位还是仅是地域概念？本书认为，尽管我国宪法没有明确指出普通地方人民代表大会和地方人民政府在整体上近似于地方公共团体机关的地位，但从宪法条文间能够看到把地方人大及地方人民政府作为整体的意图。

首先，在《宪法》条文的结构安排上，其第5节第95条第1款规定"省、直辖市、县、市、市辖区、乡、民族乡、镇设立人民代表大会和人民政府"，第3款规定"自治区、自治州、自治县设立自治机关。自治机关的组织和工作根据宪法第三章第五节、第六节规定的基本原则由法律规定"。将自治机关的设定与普通地方人民代表大会和地方人民政府的设定置于同一条，说明二者有一定的可比性，特别是在性质功能上近似。第3款后半段中"根据"一词更表明第5节中规定的组织、工作基本原则可直接适用于自治机关，自治机关与普通地方人民代表大会和地方人民政府的主要区别在于权限范围而不在于组织形式和原则。因此，与民族自治地方的人民代表大会和人民政府相似，普通地方人民代表大会和人民政府同样被宪法视为一个整体。

其次，从宪法对地方人民代表大会和人民政府关系的专门规定来看，地方政府作为同级人大的执行机关，从其产生到运行都不能脱离于同级人大，特别是规定政府任期与人大任期相同，更显示了地方政府与人大的整体性。以上都反映了地方人民政府在组织上的地方属性，特别是对地方人大的从属性，这不同于典型的中央集权制中下级政府作为上级政府派出机关的特征。

地方人民政府在组织上具有相对独立性为一定程度的分权提供了可能。宪法对不同层级政府间权限划分及责任承担的安排也体现了分权倾向。在地方人民政府与中央政府、下级政府与上级政府的权限划分上，宪法虽然没有提供明确的权限划分范围和原则，但在关于地方人民政府职权的条款中规定"县级以上地方各级人民政府依照法律规定的权限，管理本行政区域内的……行政工作"①，表明地方人民政府的权限由法律规定。尽管宪法文本上的"法律"一词并不总是形式意义上的法律，② 一般认为此处的"法律"应该包括法律、行政法规和地方性法规，③ 但这一规定在特定情况下仍然具有分权意义，这表明政府间的权限划分并不完全是内部事务由中央政府或上级政府单方面决定，特别是法律对特定事务的权限做出划分之后，上级政府不能以行政命令的形式进行变更。即使国务院的职权中包括"规定中央和省、自治区、直辖市的国家行政机关的职权的具体划分"（《宪法》第 89 条第 4 项），这一权力也受到法律限制，是在法律概括性授权情况下的具体化，而不能突破或改变法律明确规定的权限。例如，《环境影响评价法》规定了省级人民政府与国务院环境保护主管部门对于建设项目的环境影响评价文件的审批权限，对这一权限的改变只能由法律作出，国务院及其主管部门不

---

① 《宪法》第 107 条第 1 款规定："县级以上地方各级人民政府依照法律规定的权限，管理本行政区域内的经济、教育、科学、文化、卫生、体育事业、城乡建设事业和财政、民政、公安、民族事务、司法行政、计划生育等行政工作，发布决定和命令，任免、培训、考核和奖惩行政工作人员。"

② 参见韩大元、王贵松：《中国宪法文本中"法律"的涵义》，载《法学》2005 年第 2 期。

③ 参见蔡定剑：《宪法精解》，法律出版社 2006 年版，第 419 页。

能单独改变自身与省级政府之间的权限划分，早期由国务院环境主管部门主导的区域限批实践因此遭到质疑，应经过《环境保护法》《水污染防治法》《大气污染防治法》等一系列法律授权后才具有合法性和正当性。①

最后，在责任承担方面，地方政府对外以自己的名义独立承担政治责任和法律责任，这意味着地方政府做出行为所产生的效果归属于其本身，不归属于上级政府或中央政府，而责任自负的合理前提是拥有相应的自主权。政治责任方面，在《食品安全法》《环境保护法》等规制性法律中都专门规定了地方人民政府负责，②法律以外的很多中央文件中也会规定地方人民政府负总责的制度。③尽管关于责任的形式、范围、条件和程序等一系列重要问题都还有待明确，但越来越多的领域出现了强调地方政府独立责任的专门规范。

总之，宪法对地方人民政府组织、权限和责任的安排都有明显的分权意图，但又毕竟没有明确赋予"地方"法人资格；并非组织上彻底的分权，只是呈现出某种侵权的倾向。政府间关系同时存在科层制分工和自治性分权倾向，分工意味着地方人民政府在组织上

---

① 参见尹婷：《作为行政自制手段的区域限批：性质判断与司法控制》，载《行政法学研究》2019年第3期。

② 《食品安全法》第6条第1款规定："县级以上地方人民政府对本行政区域的食品安全监督管理工作负责，统一领导、组织、协调本行政区域的食品安全监督管理工作以及食品安全突发事件应对工作，建立健全食品安全全程监督管理工作机制和信息共享机制。" 1989年《环境保护法》第16条规定："地方各级人民政府，应当对本辖区的环境质量负责，采取措施改善环境质量。"

③ 地方政府负总责的说法最早见于1991年中共中央、国务院颁布的《关于加强计划生育工作严格控制人口增长的决定》，在此之后大量的中央文件开始采用这一制度，如2016年国务院印发的《"十三五"节能减排综合工作方案的通知》《"十三五"生态环境保护规划的通知》等，2021年通过的《乡村振兴促进法》将"中央统筹，省负总责，市县乡抓落实"作为工作机制。

从属于中央政府，分权则意味着地方政府在组织上具有独立性，这似乎是两种相互矛盾的状态，这种矛盾进而体现在行政组织的设置、激励监督机制与权责分配模式上，下文还将对此进行详细分析。

（三）分工与分权关系混同的影响

上文讨论了在宪法上不同层级政府间同时存在科层制分工和自治性分权的安排，这实际上是两种不同的组织关系。在大部分国家，这两种关系通常意味着两套行政组织，即在国家行政组织内部不同机关之间存在科层关系，与此同时还存在地方行政组织，其与国家之间不是上下主从的关系而是合作监督的关系。我国法律制度上较为独特之处在于将两种不同的组织关系加诸同一套行政组织，同一行政机关既作为国家行政机关又作为地方人大的执行机关，既承担国家行政任务又承担地方行政任务。在行政组织内部，这两种关系可能发生排斥，对行政机关间科层关系的强调往往以地方独立的法律人格为代价，这种排斥进而会影响中央与地方关系以及行政权力行使的偏好选择。

首先，在强调科层制的行政组织的架构下，中央与地方在立法事务上分权的作用会受到限制。地方行政机关被视为中央政府派出机关，其作为地方的立法机关的执行机关的一面并未得到凸显。在科层关系中，中央政府对地方政府、上级政府对下级政府的干预往往不以特定的事权范围为界限，可以根据科层权威进行全面领导，往往不受法律限制仅以自身治理能力为限。

其次，在行政责任的界定与承担上，科层制强调内部的层级责任，分权则强调地方作为主体，对外独立承担回应性责任。而责任不仅是事后的惩戒机制，也是面向未来形成义务的激励机制。在多元责任体系下，哪种责任受到强调、哪种责任受到忽视往往受特定组织形式的影响。在中央政府与地方政府分工关系受到强调的情况下，地方政府往往更加重视内部的层级责任，而在中央政府与地方政府分权关系受到强调的情况下，地方政府则会更加重视对外的法律责任与政治责任。

最后，组织的一体性使行政任务的性质变得难以区分。尽管，《立法法》第 82 条第 1 款区分了"地方性事务"和"执行性事务"，肯定了地方人大对地方性事务自我管理的权力，承继了 1982 年《宪法》加强地方民主的意旨。① 执行上的一体化却可能模糊任务的性质，使这种分权倾向难以得到充分的贯彻落实。

小　结

本章具体分析我国宪法对于行政权力纵向配置的原则和规范。首先，通过回顾单一制的演进历史，澄清了单一制与中央集权制的差别，并简要介绍了单一制的不同类型。我国宪法对国家结构的规定有明显的单一制特征，但其对不同层级政府间法律关系的规范并不能完全归于集权型单一制或分权型单一制，而呈现为一种不完全分权的混合模式。地方人民政府同时作为地方人大的执行机关和国家行政机关，兼具地方属性和国家属性，同时受科层原则和分权原则的支配。而科层制下的分工与自治性分权在组织关系、权限划分、责任承担等重要问题上存在冲突。分工与分权并存的宪法安排还会进一步影响行政组织的结构与法律实施模式的选择。

---

① 胡超：《地方人大宪法地位的历史变迁——兼论地方性法规的性质与特征》，载《中国政法大学学报》2024 年第 6 期。

第三章

行政组织结构上的分工与分权

法国学者夏尔·艾森曼曾指出，行政组织，尤其是它与地方分权相关的部分，是一个鲜为法学理论涉足的领域，相较于行政技术、公共管理和行政社会学领域的反思，在这个领域的法学论述少得多。[1] 然而行政权力不仅不能脱离组织存在，其行使还明显受到行政组织形式与结构的影响。也就是说，行政组织并不是将行政权力转换为行政行为的"黑箱"，不同的组织安排将会产生不同结果。故而，继上一章对行政权力纵向配置的宪法原则和规范的讨论之后，本章将首先从静态组织结构角度出发，讨论分工与分权混同的特征在组织观念、组织关系上的表现。

一、行政组织法上的关键概念：从法人主体到机关主体

行政组织是行政活动的承担者，权力的分配与行使都有赖于组织法上的结构予以实现。同时，行政组织的形态与组织间的运作关系也能直接反映权力分配上的特征。行政组织法则通过发挥法律的建构和规范功能，将行政组织建构成法律上的行为体，并对行政内部的结构和相互作用方式加以规范。[2]

"行政组织"并非严格的法律概念，常常被宽泛地加以使用。所谓组织，即多数人为达成某种目的而组成的社会单位，是人、财、物的集合体，党派、团体、机关都是组织的具体形式。而行政组织则是行使行政权限的各级组织的总称，与其他组织相比，行政组织的特征在于其为达成行政目的而承担各种行政活动。法学、社会学、管理学都以行政组织为研究对象，不同学科关注的重点有所不

---

[1] 参见［法］让-贝尔纳·奥比：《地方分权与法律多元主义》，吴良健译，载魏国滢主编：《法理——法哲学、法学方法论与人工智能》（总第4卷），商务印书馆2018年版。
[2] 参见宋华琳：《国务院在行政规制中的作用——以药品安全领域为例》，载《华东政法大学学报》2014年第1期。

同，法学研究以组织的规范建构与约束为中心，探讨其内部秩序与外部行为的法律效果。这种关切也体现在从行政法学视角出发对行政组织的定义上，如将其定义为"以宪法和法规为依据而成立，为管理国家事务为核心，实现国家目的之主要手段，对其他单位和组织体而言，具有监督和协调功能"①的组织。在依法行政的视角下，"行政决定应由谁做出，该行政决定的法律效果应归属于谁，由谁负责"，这是行政组织法要提供准据的问题，行政组织法对行政组织的建构与规范也主要围绕这一问题展开。

与行政组织这一概念相比，公法人、行政主体、行政机关都是法律上的概念，概念本身承载着一定的规范目的。我国行政组织法上对公法人的概念缺乏充分重视，对行政主体、行政机关等概念的使用则颇为混乱，核心概念的正本清源是讨论我国行政组织建制以及其与行政权力纵向配置模式关系的前提。

（一）国家法人化与行政主体制度

行政组织是实现国家目的的手段，而国家在法律上的观念是讨论行政组织及相关法律概念的起点。国家法人既是一种国家观念，也是法技术创造出来的确定公法上权利、责任归属的工具，目前国家法人的概念在公法学研究上已经获得普遍认同。②法人概念投射到行政组织法上又产生了行政主体制度，③国家法人逐步从最初的一种国家观念发展成以分权为主要目的的法律技术。

---

① 吴庚：《行政法之理论与实用》，中国人民大学出版社2005年版，第112页。
② 参见王天华：《国家法人说的兴衰及其法学遗产》，载《法学研究》2012年第5期。
③ 参见［日］室井力主编：《日本现代行政法》，吴微译，中国政法大学出版社1995年版，第271-272页。

1. 国家观念：国家法人化的历史回顾

国家法人说产生于19世纪后半期的德国，并逐步被其他大陆法系国家接受。国家法人理论以罗马法上的社团概念和权利主体概念为基础，① 其建构与兴起却与政治上的发展与需要密切相关。尽管，私法上法人概念的产生、发展与公法上国家的法人化几乎在同一时期发生并有千丝万缕的关系，② 但二者的旨趣却有很大的差异。马克斯·韦伯就曾指出，国家是否被当作法人来处理，"部分取决于法律技术，而部分则取决于政治考量"③。最初赋予国家以"法人"资格的目的在于使其与君主脱离，去除个人化色彩，并将君主作为国家法人的机关，禁止统治者的独断并试图对其进行约束，1837年阿尔布希特（Albrecht）最早提出"国家法人"概念时就明显体现了这种民主主义的倾向。④ 因此，在国家法人理论的早期发展与传播过程中，与君主制观念产生了激烈的冲突。⑤

国家法人理论产生之初主要作为一种解释性的学说，其任务在于"根据国家存在的所有方向来认识国家现象"⑥。提出国家法人概念的意义首先在于提供了一种国家观念，在这种国家观念中，国家

---

① 参见唐晓晴、鲍衍亨、马哲：《法人是怎样炼成的》，载《澳门法学》2018年第3期。

② 通常认为"法人"概念起源于德国，历史法学派的创始人胡果在1798年《实定法哲学之自然法》一书中最早提出"法人"概念，但并未加以深入阐释，直到进入19世纪萨维尼在《当代罗马法体系》一书中详尽阐释了法人制度与理念。参见蒋学跃：《法人制度法理研究》，法律出版社2007年版，第1页。

③ ［德］马克斯·韦伯：《法律社会学》，康乐、简惠美译，广西师范大学出版社2005年版，第108页。

④ 参见［德］米歇尔·施托莱斯：《德国公法史：国家法学说和行政学》，雷勇译，法律出版社2007年版，105—107页。

⑤ 参见林来梵：《国体宪法学——亚洲宪法学的先驱形态》，载《中外法学》2014年第5期。

⑥ 赵真：《没有国家的国家理论——读〈社会学与法学的国家概念〉》，载《政法论坛》2012年第3期。

与君主或统治者相分离。从阿尔布希特最早对"国家法人"的定义中就能看出其尝试使国家摆脱父权和自然法因素,并赋予君主以机构品质的目的。[①] 随后在格贝尔—拉班德(Gerber-Laband)学派的国家法实证主义路径中,"国家法人"的目的在于以"法学"方式和思维体系对作为现象的国家和国家权力进行解释。例如,格贝尔试图以意思为核心来建构法学,认为所有的私法法律关系可以缩减为人对人格、行为、物以及遗产的各种意思表示形式,并将之贯彻于国家法学,把国家权力作为国家意思并以此为中心说明各种国家现象。[②] 而拉班德从客观和主观两种角度解释国家,"从客观观点来看,国家表现为法秩序或者单纯的制度,而从主观观点来看,国家表现为存在或者人格,或者法秩序的担任者",所谓"国家法人"是"法秩序的人格化"。[③] 最后,耶林内克(Jellinek)作为国家法人说的集大成者,其重要的突破在于从实然和应然两个层面对国家的双重面向进行分析,[④] 其所提倡的"国家法人实在说"区分了作为事实的、社会学意义上的国家和作为规范的国家。承认国家的法律人格,国家成为受法律约束的法律主体,作为社会事实的国家统治得以法律化,国家受自身制定的法律的约束,并成为个人权利的义务承担人。[⑤] "国家为个人创设了要求国家行为的法律上的能力,创设这种能力的方式为,国家通过自己的法制为自己设定了一种义

[①] 参见王天华:《国家法人说的兴衰及其法学遗产》,载《法学研究》2012 年第 5 期。
[②] 参见王天华:《国家法人说的兴衰及其法学遗产》,载《法学研究》2012 年第 5 期。
[③] 参见王天华:《国家法人说的兴衰及其法学遗产》,载《法学研究》2012 年第 5 期。
[④] 参见李忠夏:《宪法学的教义化——德国国家法学方法论的发展》,载《法学家》2009 年第 5 期。
[⑤] 参见张翔:《走出"方法论的杂糅主义"——读耶利内克〈主观公法权利体系〉》,载《中国法律评论》2014 年第 1 期。

务，此种义务要求国家授予个人针对给予、作为和承担责任的请求权。"① 最初作为解释性学说的国家法人理论自此也就具有了规范的意义。

2. 法律技术：公法人的意义与功能

国家的法人化是公法人概念的起点。最初，国家法人说的产生与传播常与反对绝对主义、专制主义的价值观念联系在一起，并进一步讨论国家权力的归属、正当性以及边界等问题，以实现权力的非个人化。但随着君主制的衰落，国家法人说否定君主主权的意义已成为历史，其更深远的影响是在法律技术上提供了一个概念体系以对国家的法律特性进行思考，并回应不同的政治需要。在组织意义上，国家法人意味着对机关人格的否定，机关不具有独立于国家的法律人格，即不具有独立于国家的意思能力。在以意思为核心建构的国家法人观念中，国家权力是国家法人的意思，机关没有固有的权力，只有国家的权限，机关的权限是属于国家的。

把国家作为法人，以法人观念看待中央与地方的关系，关键的分野在于是否承认地方作为团体具有独立的意思能力，是否同样具有法人地位，并就此判断作为机关的地方政府的权限来源和法律效果归属。而从欧陆历史上看，性质与国家相近的地方（如自治城和城市委员会、弗里敦邦、市镇和乡村等）被视为权利主体并具有社团身份，这种现象甚至早在国家法人说提出之前就已经出现，② 因此国家法人说天然地能与地方分权相契合。承认国家的法人身份不仅意味着把国家作为一个团体，国家的意思能力与个人和机关相分

---

① ［德］格奥格·耶利内克：《主观公法权利体系》，曾韬、赵天书译，中国政法大学出版社 2012 年版。

② 参见［意］彼德罗·彭梵得：《罗马法教科书》，黄风译，中国政法大学出版社 2005 年版，第 39 页。

离，同时也默认了在国家之外可以存在其他同样具有意思能力的团体法人。以此为基础的公法人制度成为一种组织手段，并以多样化的组织形态回应民主化、经贸自由化、现代专业分殊化等时代发展的需求。[1]

现代社会，作为组织手段的公法人有以下功能。首先，公法人是依法创设的具有权利能力的组织，承认公法人人格意味着承认意思的自主与独立。最初，承认国家之外的其他公法人人格是基于地方自治的需求，[2] 随着行政的分权化，在不同领域都出现了通过公法人的自主特性实现行政的自治和绩效的实践。公法人成为间接的国家行政和自治行政的重要工具。其次，从管理的角度看，通过法人制度可以将部分职能从科层体制中解放出来，将性质上不适宜行政机关实施的国家任务转移给适当的组织，既可使公共任务的执行更有效率，提高专业化水平，也可以缩减政府规模。[3] 如公立大学的法人化，能够使大学从国家的教育行政科层体制中独立出来，与国家保持适当距离，使组织形式与学术自由价值相一致。[4] 最后，在价值层面上，通过公法人实现行政组织的多元化，不仅能使组织形式与行政任务相适应，也更能实现民主、专业、效率等多元价值。

3. 行政主体：公法人在行政组织法上的投射

公法人概念投射到行政法学理论中产生了"行政主体"概

---

[1] 参见李昕：《作为组织手段的公法人制度研究》，中国政法大学出版社2009年版，第6页。

[2] 参见李建良：《论公法人在行政组织建制上的地位与功能——以德国公法人概念与法制为借镜》，载《月旦法学杂志》第84期（2002年）。

[3] 参见陈爱娥：《行政法人化与行政效能》，载《月旦法学教室》2003年第12期。

[4] 参见许宗力：《国家机关的法人化——行政机关组织再造的另一选择途径》，载《月旦法学杂志》第57期（2002年）；湛中乐：《中国大学引入董事会（理事会）制度的思考》，载《教育研究》2015年第11期；湛中乐、苏宇：《论大学法人的法律性质》，载《国家教育行政学院学报》2011年第9期。

念，并为行政分权提供理论上的基础。行政主体同样是大陆法系国家广泛使用的概念，我国行政法学一方面受大陆法系行政法学理论影响，引进并在诉讼法上使用这一概念；另一方面对这一概念内涵与外延的界定又与一般的大陆法系国家有较大的差异。在主要的大陆法系国家，受法律承认的行政主体的具体种类虽略有区别，但行政主体的基本内涵大致相同，指实施行政职务，并负担由此产生的权利、义务和责任的主体，是行政权在法律上最终归属的主体。这一概念与公法人的观念形成对照，被认为是宪法理论中的"国家法人说"在行政法学理论中的"投射"。[①]

考察不同国家行政主体的主要类型，行政主体与公法人在范围上高度重合。例如，在法国，行政主体与公法人基本上是可以互换的概念，主要包括国家、地方团体、公务法人三种类型。

在德国，行政主体除了公法人，还包括具有部分权利能力的法人分支机构以及被授权人，但仍然以公法人为主体。[②] 其中，具有部分权利能力的法人分支机构是相对于具有完全权利能力的公法人而言的，指的是在特定范围内或者只就特定法律规范具有权利能力的组织。这种组织只能在法律专门为其设定的部分权利范围之内活动，因此不被认为是公法人，但在其权利能力所及的范围内被视为行政主体，如公立大学是公法人，而大学的系、院没有法人资格但属于具有部分权利能力的行政主体。[③] 被授权人作为行政主体则是一

[①] 参见江利红：《论日本行政法解释学的形成与发展》，载《法律方法》2015年第1期；[日]室井力主编：《日本现代行政法》，吴微译，中国政法大学出版社1995年版，第271-272页。

[②] 参见[德]哈特穆特·毛雷尔：《行政法学总论》，高家伟译，法律出版社2000年版，第500-501页。

[③] 参见李洪雷：《德国行政法学中行政主体概念的探讨》，载《行政法学研究》2000年第1期。

种更为例外的情况，被授权人指的是通过国家权力行为的授权、在较长时期内有权以自己名义行使特定的行政权力，并自己承担责任的私法主体。①在特定严格的情况下，法律可以授权私法主体以主权方式执行特定的行政任务，由于被授权人在法律上独立并自负其责进行活动，可以被认为是广义的行政主体，如德国《联邦公证组织法》第1条规定的公证人。②德国行政法上的行政主体概念的范围虽然略宽于法国，承认私法组织形式的行政主体，但公法人仍然是最主要的行政主体，公法人的类型包括联邦、邦、地方自治团体、营造物、基金会等，其核心同样是依据公法设立具有权利能力。同时，由于德国是联邦制国家，联邦和各邦都具有原始的统治权，在公法人类型上都属于"国家"，是最原始的行政主体。

日本作为重要的大陆法系国家，其行政主体理论同样较早地被引入我国。1988年王名扬教授在其著作《法国行政法》中最早介绍行政主体概念后，同年杨建顺教授等翻译的《日本行政法》出版，介绍了日本的行政主体理论。在日本，行政权的归属者，称为行政主体，行政主体的具体类型包括国家和公共团体，而公共团体又可分为地方公共团体、公共组合、独立行政法人和特殊法人。③虽然在名称和具体分类上，日本的行政主体制度与法国、德国略有差别，特别是在民营化的风潮下又出现了指定法人和公共设施指定管理者等制度，赋予民间组织作出行政行为的权限。④但公法人同样构

---

① 参见[德]伯阳：《德国公法导论》，北京大学出版社2008年版，第131页。
② 参见[德]哈特穆特·毛雷尔：《行政法学总论》，高家伟译，法律出版社2000年版，第501页；[德]伯阳：《德国公法导论》，北京大学出版社2008年版，第131页。
③ 参见[日]南博方：《行政法》（第6版），杨建顺译，中国人民大学出版社2009年版，第11-13页。
④ 参见[日]市桥克哉等：《日本现行行政法》，田林等译，法律出版社2017年版，第56-57页。

成其行政主体的最为主要的部分，国家和地方公共团体作为公法人的法律地位也与其他大陆法系国家类似。

梳理主要大陆法系国家的行政主体概念和类型，可以看到行政主体与公法人的概念密不可分，在法国二者基本上是内涵相同的法律概念，即使在德国、日本行政主体范围更广的情况下，公法人仍然是最主要的行政主体。而公法人除了从罗马法中吸取"人格"概念之外，还需要在国家理论内模拟法人的结构形式，[①] 国家的法人化正是这一过程的起点。

行政主体具有法律上的权利能力，并设立若干机关，使之通过专业分工完成总体任务，机关虽有负责事项和管辖权，但其权力并非自身所有而是由行政主体赋予的，一般而言中央各部门、各级地方政府都属于公法人机关，而非公法人。[②] 我国行政法引进了行政主体的概念，在法人观念上却没有明确国家的法人地位，而采取了以国家机关作为法人的制度，相应地对行政主体制度的建构也以行政机关为核心。机关获得法人地位，但事实上并不具有独立于国家的意思能力，也不具有独立对外承担政治责任的能力，机关法人制度并未拥抱法人制度的分权功能。[③]

（二）机关法人化：主体自治的缺失

1. 从行政机关到行政主体："机关主体模式"的形成

我国现有的行政主体概念是以行政机关为核心而建构的。行政法学研究中对行政主体概念的典型表述是："行政主体是指依法享有国家行政权力，以自己名义实施行政活动，并独立承担由此而产生

[①] 参见唐晓晴、鲍衍亨、马哲：《法人是怎样练成的》，载《澳门法学》2018 年第 3 期。
[②] 参见翁岳生编：《行政法》，中国法制出版社 2009 年版，第 356 页。
[③] 参见余凌云：《行政法讲义》，清华大学出版社 2010 年版，第 120 页。

的责任的组织。"① 具体而言，主要包括职权性行政主体和授权性行政主体两类，职权性行政主体主要指各级国家行政机关，而授权性行政主体则指法律、法规授权的组织。

从1988年王名扬教授在《法国行政法》中引介"行政主体"概念，② 到1989年公布的《行政诉讼法》确立了以判断对外执法资格和在诉讼中明确被告为核心功能的行政主体概念，在行政主体概念移植过程中对大陆法上的"行政主体"取其名而去其实，放弃了行政主体制度的分权意涵，承袭了既有的行政机关范式。然而"机关"本身就与"主体"观念相矛盾，从字义上看，无论是中文语境还是英文语境中的机关（organ）都有工具的含义，作为整体组织的一部分，是法人为履行职责、实现其目的而设置的工具。把行政机关作为行政主体，不仅存在字义上的逻辑矛盾，在大陆法系国家的行政主体理论中也找不到相关依据。"机关主体模式"作为我国行政法上的独特现象备受争议，③ 其原型可以追溯到民法上的机关法人模式，而我国民法上的机关法人制度又脱胎于苏联民事立法。

在苏联，国家的法律人格与主体资格问题被国家机关的法人资格问题取代，其不仅在民事立法上承认了国家机关的法人资格，在理论上国家机关法人理论也作为主导理论。④ 1922年《苏俄民法典》第13条规定了"一切享有取得财产权利和能够承担义务，并且能够在法院起诉和应诉的机关、社会团体和其他组织，都是法人"，强调

---

① 王连昌：《行政法学》，中国政法大学出版社1992年版，第35页。
② 参见王名扬：《法国行政法》，中国政法大学出版社1988年版，第39页。
③ 参见薛刚凌：《行政主体之再思考》，载《中国法学》2001年第2期；葛云松：《法人与行政主体理论的再探讨——以公法人概念为重点》，载《中国法学》2007年第3期。
④ 参见王春梅：《苏联法对中国民事主体制度之影响》，法律出版社2017年版，第18-19页。

机关具有财产和法律责任上的独立性。然而,在计划经济和国家所有权制度下,国家是"社会主义所有制的统一和唯一的权利主体,是国家全部财产的统一和唯一的所有者"①,国家机关所具有的只是预算权限。1964年的《苏俄民法典》对此作出了更为明确的规定,第24条法人种类中规定"由国家预算拨给经费、有独立的预算、其领导人有权支配拨款的(法律规定的例外情况除外)国家机关和其他国家组织"为法人,第32条对法人责任规定了"法人以属于它的财产(作为法人的国家组织则以拨给它的财产)负责清偿自己的债务"。具有独立预算的国家机关仍然是全能国家的一部分,受科层原则和计划体制的支配。可见,苏联法上国家机关的法人化,并非赋予国家机关权利能力,使其成为行使权利承担责任的主体,反而是虚化甚至否定了法人概念中的主体自治意图。

我国的政治和法律制度都曾受到苏联的影响,机关法人制度首先在民法领域被采纳。1955年的《民法总则(草稿)》第19条规定"国家机关、群众团体、社会组织、合作社、企业、学校、医院等能以自己的名义取得民事权利和负担民事义务,并在法院起诉、应诉的公私组织都是法人",基本上沿袭了苏联法中关于机关法人的规定。在随后的若干民法草案中对机关法人都做了类似的规定,直到1986年公布的《民法通则》(已失效)第3章第3节专门规定了"机关、事业单位和社会团体法人",把"有独立经费"作为机关法人的标准,在第50条第1款规定了"有独立经费的机关从成立之日起,具有法人资格"。

国家机关尽管并不能满足民法理论上法人对财产权的要求,仍

---

① 王春梅:《苏联法对中国民事主体制度之影响》,法律出版社2017年版,第13页。

然在立法上取得了法人资格。在实务中，由于机关法人不是民事活动的主角，这一现象没有得到民法学者的充分关注，相关的学术研究也较为薄弱，[1]对机关法人概念明显背离法人理论之处，民法学者多认为是苏俄计划经济下"民法公法化"的结果。[2]不仅在民事领域机关法人"并没有独立的财产权"，法人化"并未发生财产脱离国家所有权，是自己同自己打交道"[3]，在公权力领域法人化也不会带来真正的分权效果，反而掩盖了法人制度的分权意义，使法人资格简化为诉讼资格。

我国民法理论采纳了机关法人概念的同时，行政法对"行政主体"的建构几乎采取了相同的路径，即承认机关人格。对此有学者认为这是对"机关法人的平行移动与翻版""只不过在将民法上的法人制度迁入公法过程中，将'机关人格肯定说'改换为'机关主体肯定说'"[4]。以"机关主体肯定"为特征的行政主体概念，在其产生初期不仅被认为具有学科知识的贡献，[5]更在法律实务中具有"实现依法行政；确定行政诉讼被告；确定行政行为效力；保持行政活动连续性、统一性"等一系列价值。[6]同时，由于"机关主体模式"在理论上游离出法人学说的基本原理的范围，与主流行政主体

---

[1] 参见江平主编：《法人制度论》，中国政法大学出版社1994年版，第62页。

[2] 参见屈茂辉、张彪：《法人概念的私法性申辩》，载《法律科学》2015年第5期；张彪：《国家机关法人地位正当性分析》，湖南大学2015年博士学位论文。

[3] ［俄］E.A.苏哈诺夫主编：《俄罗斯民法》（第1册），黄道秀译，中国政法大学出版社2011年版，第220页。

[4] 余凌云：《行政主体理论之变革》，载《法学杂志》2010年第8期。

[5] 即提升行政法学自身专业化程度，发展本学科的术语、理论与原理，突出法学研究的特征，避免对行政学的亦步亦趋，同时强化研究的理论色彩，避免对行政组织"白描式"的介绍。行政主体概念在这个方向上的贡献参见张树义：《行政主体研究》，载《中国法学》2000年第2期；沈岿：《重构行政主体范式的尝试》，载《法律科学》2000年第6期。

[6] 参见张尚鷟主编：《走出低谷的中国行政法学》，中国政法大学出版社1991年版，第87页。

理论有较大的差异，逐渐形成了自身的独特特征。

2. "机关主体模式"的特征与缺陷

所谓"机关主体模式"主要指对行政机关主体资格的肯定，这一模式对主体范围的认定不仅包括行政机关还包括法律、法规授权的组织，通过进一步的扩大解释，还能够包括作为社会公行政承担者的非政府公共组织，① 其核心特征与缺陷并不在于其涵盖范围而在于其对主体资格认定的标准。目前的"机关主体模式"主要围绕诉讼资格构建展开，以享有行政权限并能够凭借行政权限做出行政行为为标准。行政主体不再是权力和责任的归属者，而只是拥有对外行政权限、能够作为行政诉讼被告的机关。然而机关权限不仅要受到法律的限制还要受上级机关的限制，在事实上不能等同于权力和责任的归属者，机关获得主体资格的结果是行政主体"外部分权，内部一体化"的意义被空置。

在"机关主体模式"下赋予行政机关主体资格，只承认行政机关的权限和其作为行政诉讼被告的资格，并不会改变行政机关在行政组织中的科层关系及其所行使权力的性质与来源。行政机关处于科层构造之中，在其行政权限方面要遵循具有官僚制特点的权限分配原则和指挥监督原则，② 即行政机关在原则上独立行使法律分配的权限，但会受到科层关系的制约，如上级行政机关可以依职权撤销或停止下级行政机关的权限，机关本身不具有可以对抗上级机关的固有权利，也不是权力和责任的最终归属者。换言之，赋予行政机关主体资格并不能使行政机关获得独立的法律人格和自主性，反而

---

① 参见石佑启：《论公共行政之发展与行政主体多元化》，载《法学评论》2003 年第 4 期。

② 参见［日］市桥克哉等：《日本现行行政法》，田林等译，法律出版社 2017 年版，第 69 页。

使主体资格的意义空洞化,掩盖了主体制度中分权与自治的意图。

承认行政机关的主体资格,不仅放弃了主体概念中的分权意义,也打乱了实务中行政机关间的科层分工关系。在早期对我国行政主体理论的反思中,就有研究者指出,行政主体资格条件过低、主体设置随意性大、行政主体过多会在实务中导致增加管理环节和成本、给相对人带来诸多不便等问题。[1] 更重要的是,过于宽泛的主体资格实际上可能会掩盖行政机关的不同类型和不同类型行政机关间的关系,破坏行政一体化。

所谓的行政一体原则,是指一个行政辖区内的行政事务应当尽可能集中于一个行政机关或者受一位行政首长指挥监督的行政机关群,各个行政机关应以系统协调的方式步调一致地执行行政事务。[2] 行政一体原则往往与分权制相结合,之所以保持行政机关内部的一体性,不仅是出于效率的考虑,更是保障其具备作为一个整体对外负责的能力。即组织一体仅仅是行政一体的表象,更重要的是责任一体,组织内部的金字塔结构和严格的隶属关系是实现行政整体对国家权力机关的政治责任的手段。[3] 行政一体原则要求科层体制与民主责任制结合,由政府作为整体向国家权力机关负责,纯粹的行政部门与负责统治的政治部门的对应关系有助于保障行政效能,同时强化政治对行政的控制作用。

我国行政机关虽然普遍获得了行政主体资格,但依其性质存在不同的类型。行政主体之间的关系也不尽相同,既可能是相对独立

---

[1] 参见薛刚凌:《我国行政主体理论之检讨——兼论全面研究行政组织法的必要性》,载《政法论坛》1998年第6期。

[2] 参见李洪雷:《行政法释义学:行政法学理的更新》,中国人民大学出版社2014年版,第198页。

[3] 参见张运昊:《行政一体原则的功能主义重塑及其限度》,载《财经法学》2020年第1期。

的关系，也可能是行政隶属关系。宽泛地承认行政机关的主体资格模糊了不同机关之间的关系，在理论上这些行政机关既可能隶属于同一个公法人，也可能隶属于不同的公法人，相应地处于不同的科层关系中，受到不同责任的约束。对此，有学者试图对我国现有的行政主体进行重新界定，将其分为利益行政主体和派生代理主体，其中利益行政主体有自己的独立利益，包括国家、地方行政主体、公务行政主体和社会行政主体，代理行政主体则包括行政机关、法律法规授权的组织和受委托的组织和个人。[①] 这种改造试图通过承认行政主体的"主体性"，重新塑造能够作为一个整体对外负责的行政主体，但并没有重视同一主体内部行政机关间的关系以及行政主体与行政机关间的区别。

（三）行政机关的类型与行政权力纵向配置模式

行政主体是行政组织法上的关键概念，行政主体理论对行政机关和行政主体的混同既受到现实的影响，也会进一步混淆分工关系与分权关系。不同类型行政机关在法律上的地位与关系有必要在行政主体理论中得到表达。

1. 行政分权与权力下放——以法国为例的考察

在行政主体理论中，分权关系仅发生在不同主体之间，而权力下放则发生在同一主体内部的行政机关之间。因此，根据不同标准可以将行政机关分为不同类型。分类的意义不仅在于周延列举，更在于通过分类能够达成一定的规范目的。类型化的叙述也有助于了解一国的行政组织体系与行政权力配置模式。行政组织法上常出于不同的目的将行政机关归于不同类型。对理解行政权力纵向配置模

[①] 参见薛刚凌：《行政法治道路探寻》，中国法制出版社2006年版，第157—171页。

式而言，有两种对行政机关的分类值得特别关注，一种是分权意义上的分类，另一种是权力下放意义上的分类。

分权意义上的分类，即在中央与地方分权的意义上，可以将行政机关分为国家行政机关与地方行政机关，分别负责国家行政与地方行政的执行，隶属于不同的公法人，其行为责任的归属不同。国家行政机关的设置不限于中央政府所在地，亦可在地方设置分支，如国税、海关等，其作为国家行政机关并不是因为行政权力或行政任务的范围及于全国，而是因为其行为的法律效果归于国家。相应的地方行政机关也不是指设置在地方的行政机关，而是指"地方"设置的行政机关，一般以"地方"本身具有法律上的人格为前提，如地方公共团体设置的行政机关，主要负责自治行政事项的办理，同时还受委托执行国家行政事务。

权力下放意义上的分类，即由于行政任务实施的范围遍及全国，即使是国家行政机关也有赖于设置在地方的机关予以执行，因此在分权之外国家行政机关内部还有权力下放的必要。一般而言，权力下放有两种方式，一种是平行的权力下放，另一种是垂直的权力下放。前者是通过设置具有一般权限的派出机关，普遍地处理地方上的行政任务，后者是在专门的行政领域由中央政府部门在地方上设置机关，负责执行特定的行政任务。因此，从职能上看又有了一般权限的行政机关和专门权限的行政机关的分类。但这种分类本身是为了区别政府的两种权力下放方式，并不是基于职能对"政府"和"部门"的一般区分。权力下放的国家行政机关在地方上执行行政任务，仍属于国家行政的一部分，受行政一体原则约束，对中央政府负责，并由中央政府对全国议会承担政治责任。

两种分类虽然都关乎行政机关的纵向关系，但前一种分类关注主体与权力归属，后一种分类关注地域与权力行使范围。不同的权力分配方式对应不同的行政机关类型，下文将以法国不同类型行政机关的设置以及相互关系为例，说明权力下放和地方分权两种制度。

在法国中央集权制的传统下，权力下放的功能受到重视与强调，代表两种不同权力下放方式的一般权限行政机关和专门权限行政机关的划分会得到较多的关注。这两种行政机关都属于设立在地方的国家行政机关，执行国家公务，在此之外还有地方公共团体作为行政分权的承担者，同样履行行政职能。尽管地方国家行政机关与地方团体的机关在地域管辖上可能相同，甚至在组织上都可能出现重合，但在性质和目的上却存在本质性的差别。前者是权力下放的产物，是为执行国家公务在国家行政机关内部进行分工的结果，而后者则以地方分权为基础，设置的目的是实行自治、发挥行政上的民主。

由于法国有中央集权的传统，地方曾受国家的全面控制，权力下放也主要采取了平面的权力下放方式。因此最重要的是一般权限的行政机关，而在一般权限的行政机关中，在行政上有重要意义的是省长和大区行政长官。省长和大区行政长官在地域上分别依托于省和大区，省和大区都既是国家行政区域又是地方领土单位。在国家行政区域的意义上，国家在省和大区设立作为国家行政机关的省长和大区行政长官，执行国家公务。在地方领土单位的意义上，法律还以省和大区为基础设立地方自治团体，省议会主席和大区议会主席分别作为其执行机关。鉴于此，讨论法国不同类型的行政机关，有必要先讨论省和大区的建制，二者在地理范围上有包含关系，目前法国本土分为 13 个大区、96 个省，一个大区通常包括几个省，但大区和省在政治、行政上没有隶属关系。[1]

首先，省是最主要的国家行政区域，其基本制度在拿破仑时代就已经确立。省长作为中央政府在省内的代表，是中央政府的官员，掌握省内的全部国家行政权力，指挥中央各部在省内的分支机构（除了部分特定的不受省长管辖的部门），[2] 并代表国家对省内的自治行政进行监督，保障国家法律的执行。与此同时，根据法国1958年宪法的规定，省同时还是地方公共团体。尽管基于同样的地域范围，但是作为地方公共团体的省和作为国家行政区域的省在组织上有不同的机关，在法律上有不同的地位。通过对二者的区分和比较，能够了解权力下放和地方分权在制度上的差异。在省一级，地方公共团体的执行机关是省议会主席，掌握一省的自治行政权，省议会由选举产生。虽然省议会主席与省长都是执行机关，但代表不同的行政主体，有不同的产生方式和组织形式，处于不同的责任体系中，两者之间也没有政治上的隶属关系，国家对地方团体自治行政的监督原则上采取行政诉讼方式。

至于大区，其不仅在建制上晚于省，在功能和性质上也经历了更多的变革。与省一级的建制相比，大区的设立并没有深厚的历史渊源，主要是现代化进程中地区联系日益紧密的结果，也受到省区划分过小的影响。在大区创设之前，法国就已经出现了由中央行政部门建立的跨越几省的专门行政区域，作为垂直权力下放的基础区域，如大学区、邮政区、卫生区，但在相当长的时间里都没有发展

---

[1] 在省和大区之外还有市镇，市镇作为法国最为古老的行政组织，在法律上同样同时是国家的行政区域和地方团体的自治区域，但市镇规模普遍较小，无论是组织还是职权都相对简单，在此不做单独讨论，关于市镇的组织参见王名扬：《法国行政法》，北京大学出版社2007年版，第69-76页。

[2] 参见王名扬：《法国行政法》，北京大学出版社2007年版，第61页。

出综合性的行政区。大区的正式设立始于 1955 年，其主要功能在于协调经济发展。法国为了开展国土整治以及平衡全国的经济发展，国家和私人经济社团建立了各种基金，并为经济不发达的地区提供财政援助，在 1955 年通过法令在法国本土设立了 21 个计划区，由这些计划区统筹和协调基金的使用。[1] 1960 年计划区改称区域行动区，每一个区域行动区包括 2~8 个省，各区内设立一个省际议会，由该区域内的各省省长参加，并由一个协调省长作为会议主席。1972 年颁布的法国《设立大区机构法令》将区域行动区改为大区，承认大区的法律人格，大区由此成为区域性公务法人。1972 年颁布的法律将大区主要职能限定于经济发展、培训和基础设施建设。[2] 大区性质的另一次重要变革是 1982 年的法国《市镇、省和大区权利与自由法》正式确认大区作为"地方领土单位"，大区由区域性公务法人转变为地方公共团体，民选的大区议会主席作为大区自治行政的执行机关。与省相似，大区也同时作为地方公共团体和国家行政区域，大区行政长官作为设在大区的国家行政机关，执行国家公务，由大区州府所在地的省长兼任，这也表明大区行政长官并不是省长的上级机关，其职权也不与省长重合，其权限偏重于经济发展方面。[3] 在随后的改革过程中，2003 年法国修宪确立了大区作为"地方领土单位"的宪法地位，2015 年颁布的法国《大区区划、大区和省的选举以及变更选举日程法》将法国本土 22 个大区合并为 13 个，以提高大区的治理能力。

---

[1] 参见上官莉娜、刘瑞龙：《整体治理视域中的法国新一轮大区改革》，载《法国研究》2015 年第 3 期。

[2] 参见黄凯斌：《法国地方政府的建立及其职责演进——以省和大区为例》，载《学习月刊》2019 年第 3 期。

[3] 参见王名扬：《法国行政法》，北京大学出版社 2007 年版，第 63 页。

垂直的权力下放，则体现在专门权限的地方国家行政机关的设立上，即由中央各部设在全国各地的分支机构来执行其在地方上的国家公务。不同部门可能根据不同的需要确定专门的行政区域，既可能与一般的国家行政区域相重合，也可能为适应专门行政和特定公务性质的需要另设其他区域。从性质上看，专门权限的地方国家行政机关是中央各部的外设机关，通过把一部分公务的决定权力下放到这些外设机关，根据当地情况作出决定，使决定更符合实际情况，以提高行政效率。

各部门垂直的权力下放容易在各地方产生相互独立的行政活动，特别是在行政任务日益复杂的情况下，各部门的活动如果缺乏协调，也难以提高行政效率。因此在法国，各部的权力下放一般并不直接下放到地方上的分支机构，而是首先下放到一般权限的地方国家行政机关，再由一般权限的地方国家行政机关代表国家分配权限。例如，在一省之内，省长是中央各部在省内的代表，在有关部长的监督下，对各部在省内的分支机构有指挥权。[1] 这也体现了法国的权力下放以平面的权力下放为主的特征，这种特征的形成主要是受历史上国王总督和省长传统的影响。在不具备中央集权传统的国家，如英国或美国，则通常单纯依靠垂直的权力下放方式，对各机构在地区内执法缺乏协调的问题，会采取建立专门协调委员会等措施。[2]

面对地方治理多层次化的现实，在法国各级地方政府之间，即大区、省和市镇之间，由于分权制的约束，禁止一级地方政府监护或指导另一级地方政府，故而形成了形式上的多层次政府、实质上

---

[1] 参见王名扬：《法国行政法》，北京大学出版社2007年版，第61页。
[2] 参见王名扬：《王名扬全集：英国行政法、比较行政法》，北京大学出版社2016年版，第327页。

只存在中央对地方的二级关系的监督模式，多层次的结构并未增加行政上的繁琐和重叠。① 通过考察法国不同类型的行政机关，可以看到行政机关和行政法上通常讨论的行政主体虽然存在关联，但基本上是完全不同范畴的概念。主体的概念强调法律上的人格，即享有权利、承担义务的资格，行政主体是行政法上责任的归属者。把国家和地方公共团体分别作为行政主体，是一种法律技术上的分权。行政机关则是由组织法创造出来的概念，强调行为能力，是行政主体在现实中推行行政、完成任务、履行职能的单位。②

地方分权与权力下放作为两种不同的权力分配方式，具有不同的功能和价值，彼此不能取代。因此，对行政权力的纵向配置而言，既要在分权的前提下考察国家行政机关和地方自治机关，二者属于不同的行政主体，在权力和责任上也保持相对的独立。另外，也要从国家权力下放的需要考虑，考察中央国家行政机关以及中央设在地方上的国家行政机关，这二者则是同一主体内部的分工关系。通过对其行政机关类型的梳理，不仅能清楚地看到法国法上主体概念与机关概念的区别与演进，同时也能看到两种权力纵向配置模式的并存及其运用。

2. 对我国行政机关类型的考察

我国宪法和组织法对行政机关采取了中央国家行政机关与地方各级国家行政机关的分类方式，如我国《宪法》规定国务院是"最高国家行政机关"，地方各级人民政府是"地方各级国家行政机关"，国务院"统一领导全国地方各级国家行政机关的工作，规定中

---

① 参见刘文仕：《立足统一走向分权：法国地方分权制度的嬗变与前瞻》，载《东吴政治学报》2007年第2期。

② 参见［日］盐野宏：《行政组织法》，杨建顺译，北京大学出版社2008年版，第22页。

央和省、自治区、直辖市的国家行政机关的职权的具体划分"。这种分类不同于上文提到的根据行政机关所属公法人区分国家行政机关和地方团体行政机关的方式,而是仅规定了国家行政机关。从字面上看,各行政机关行为的法律效果都可以归属于国家。同时,宪法和组织法上还分别规定了一般权限的行政机关与专门权限的行政机关,前者以各级政府为代表,后者以政府工作部门为代表,作为一种以职能为依据的行政机关划分方式。

表面上,各级政府和政府工作部门都属于国家行政机关,与上文提到的国家权力下放的两种方式类似——可分别归于平面的权力下放与垂直的权力下放,即行政机关之间的关系完全属于不同类型的权力下放关系。然而,一旦具体考察不同类型行政机关的宪法地位与相互之间的关系,就可以看到分权与分工并存的特征。以权力下放概括我国行政权力的纵向配置在规范意义上未免偏颇。

上文对地方政府双重属性的讨论已经表明,地方国家行政机关不仅是中央的权力下放机关,也具有地方属性,特别是在履行地方事务时,近似于地方团体的执行机关。政治学、行政管理学上以"条块关系"概括我国不同类型行政机关的关系,同样能够反映权力分配特征与权力关系。[①] 以地方政府为代表的一般权限的行政机关被称为"块块",以职能部门为代表的专门权限的行政机关被称为"条条","条块"的划分不仅关系行政任务的分配与行政职能的行使,还直接决定了政府组织和管理模式。不仅在"条条"之间与"块块"之间有严格的等级关系,在"条块"之间也普遍存在隶属关系。

虽然表面上前文介绍的"一般权限"与"专门权限"行政机关

[①] 参见马力宏:《论政府管理中的条块关系》,载《政治学研究》1998年第4期。

的区分与我国的"条块体制"在根据职能进行分类上有相近之处，但从政府间关系和行政主体地位的角度观察这两种分类方式却大相径庭。不同的组织关系反映了不同行政体制之间在处理中央与地方关系上的差别，这种差别又会自然地反映到政府运行和责任承担上。受行政活动自身性质的影响，无论是区分"一般权限"与"专门权限"还是区分"条块"都要基于地域与职能：由于行政活动的范围遍及全国，难以完全由中央机关执行，所以形成了基于地域的分工；同时由于行政任务具有专业性，所以有必要根据职能设立不同部门，形成了基于职能的分工。这种类型化的产生可以说是出于事务的"自然之理"，也成为各国行政机关设置上的共同点。而不同国家对行政机关类型的选择以及其间关系的差别则往往反映本国面对的独特问题和制度特征。考察我国特有的"条块关系"，可以发现在行政权力的配置上分权与分工并存的特征。

分权主要发生在不同层级的政府间，即"块"与"块"之间的关系，具体体现在规范和事实两个层面。规范层面，不同层级的政府分别从属于不同的权力机关，有不同的民主基础，但又同时存在领导与被领导的关系。在中央事务和地方事务划分明晰的情况下，地方行政机关在履行中央事务时作为国家行政机关，在履行地方事务时作为地方团体行政机关。但在法律概括式授权、中央和地方事务划分不明的情况下，这种分权是不完全的。事实层面，过长的委托代理链条使地方获得了被默许的、不稳定的变通权。尽管在名义上，根据科层关系，中央政府对地方政府、上级政府对下级政府有领导权，且这种领导权不止于就职务是否完全执行所作的一般监督，而且及于职权的具体内容，不止于合法性监督，还及于行为的适当性，是一种集权型的全面领导。然而集权型领导与有效治理之间存在紧张关系，①中央不得不通过行政发包等方式与地方进行权力分割，中央与地方关系始终既有科层制的严格一面，也有承包制的灵活一面，②这种权力分割是在讨价还价、相互妥协基础上形成的，③也可以被视作一种不完全的分权。

分工则有更加复杂的面貌，其既表现为职能上的碎片化，即职能交叉和政出多门；也表现为"条块"之间责任的碎片化，即地方政府和主管部门责任交叉。一般认为这种碎片化是行政任务嵌入"条块"体制造成的，"条块"本身承担了纵向控权的功能，除了部分实行垂直领导的行政机关作为中央政府的组成部门，并在组织结构、科层关系和责任制上以较为简单的形式存在以外，各级政府的职能部门不仅作为本级政府的机关，同时还是整个职能系统的一部分。职能系统与地方政府之间的"条块关系"对行政组织的建构和运转起到了关键作用。"条块"之间呈现出"你中有我、我中有你"的混合型关系，通过对职能进行细分、"双重领导"、"上下对口"等安排，最大限度地实现自上而下的控制，但组织上的分割也造成了行政任务、行政责任的碎片化。

二、碎片化分工：央地关系科层化

（一）行政组织与科层制

1. 科层制的优势与不足

科层制（又称官僚制，bureaucracy）是建立在法理性权威之上

---

① 参见周雪光：《权威体制与有效治理：当代中国国家治理的制度逻辑》，载《开放时代》2011年第10期。
② 参见周黎安：《转型中的地方政府：官员激励与治理》，格致出版社、上海人民出版社2008年版，第65-66页；丁轶：《承包型法治：理解"地方法治"的新视角》，载《法学家》2018年第1期。
③ 参见丁轶：《等级体制下的契约化治理——重新认识中国宪法中的"两个积极性"》，载《中外法学》2017年第4期。

的层级化的行政系统,是现代行政组织最基本的形式。马克斯·韦伯认为官僚制是统治的形式理性在组织上的表现,[①] 理想的科层制具有以下特征:(1) 明确的分工和专业化,科层组织"把为实现组织目标所必需的日常工作,作为正式的职责分配到每个工作岗位"。在行政组织中公务员按照岗位职责及其运作规范进行活动,对自身从事的工作具有专门的知识和技能。(2) 层级化组织,组织内部"遵循等级制度原则,每个职员都受到高一级职员的控制和监督"。行政组织内部层级结构明晰,上下级之间的职权关系严格按照等级划定,上级有权对下属行使指挥命令与监督权。(3) 规则化,行政活动由"一些固定不变的抽象规则体系来控制……这个体系包括了在各种特定情形中对规则的运用",详细的规则制度规定了组织及成员的责任和相互间的关系。(4) 非人格化,"理想的官员要以排除私人感情的精神去处理公务",公务活动排除个人感情是保障公平和效率的前提条件。(5) 组织效率最大化,通过规范的科层化行政,组织可以达到最高的效率。如何最大限度地进行合作和控制以提高组织效率——这一目标内化于科层组织的形式中。[②]

科层制作为一种政府组织形式,在行政上具有明显的优势和缺陷。其优势在于:首先,有助于保障行政公平,特别是基于规则化、非人格化和公私分化等原则,能够抑制行政恣意;其次,有助于提高管理效率,科层制本身强调明确的职责分工和专业化原则,并以提高组织效率为运行目标;最后,科层制建立在规则的基础上,是"法的统治",在科层制中个人获得了形式上的平等与独立。正是由

---

① 参见[日]佐藤庆幸:《官僚制社会学》,朴玉等译,生活·读书·新知三联书店2009年版,第51页。
② 参见[美]彼得·布劳、马歇尔·梅耶:《现代社会中的科层制》,马戎等译,学林出版社2001年版,第17—19页。

于科层制的这些优势适应了近代社会发展的需要，科层制成为最普遍的行政组织形式。科层原则也成为众多类型的大型组织中对工作进行控制和协调的组织原则，可以说只要有行政性任务就会有科层制度。

但科层制也存在一些内在缺陷，这些缺陷在社会学上被认为是干扰组织实现目标的反功能，如低效率刚性、目标置换、管理层次的不断增加、排斥改革等。① 这些缺陷构成了科层制的功能障碍，并不断助长等级思想和组织行为的僵化，"既表现在职务分散的逻辑中，又表现在集权的逻辑中"②。这些内在于科层制组织的缺陷，难以依靠组织自身的力量加以修正，科层制有必要与其他的制度相平衡。特别是在行政上，科层制要与民主责任制相结合，由众多行政机关组成的行政组织有必要作为一个整体向民意机关负责，这才有助于民意机关对行政组织进行政治控制，并通过保障民意的贯彻，最大限度地抑制科层制的弊端。

2. 我国行政组织中的科层关系

前文讨论的行政集权制具有的单一权力中心、相对封闭的结构正是科层制的典型特征。同时，作为一种组织类型的科层制为了有效管理而保持层级结构明晰，往往具有集权倾向，呈现为"金字塔式"的结构。科层式的组织结构和原则在我国有着悠久的传统，不仅上命下从的权力关系在法律与实践中都被着重强调，强化行政组织间科层关系的制度和措施也在不断发展，下文将对我国行政组织间的科层关系加以简要说明。

---

① 参见［美］W. 理查德·斯科特：《制度与组织——思想观念与物质利益》，姚伟、王黎芳译，中国人民大学出版社2010年版，第27页。
② ［法］米歇尔·克罗齐埃：《科层现象》，刘汉全译，上海人民出版社2002年版，第219页。

从范围上看，我国宪法和组织法在各级政府之间、各级工作部门与主管部门之间、政府与各部门之间都明确规定了科层关系。宪法和组织法通常以"领导"概括这种以命令服从为核心的关系。如在各级政府间，国务院"统一领导全国地方各级国家行政机关的工作"（《宪法》第89条第4项）；"县级以上的地方各级人民政府领导……下级人民政府的工作"（《宪法》第108条）；在各级工作部门与主管部门间，"省、自治区、直辖市的人民政府的各工作部门……受国务院主管部门的业务指导或者领导""自治州、县、自治县、市、市辖区的人民政府的各工作部门……受上级人民政府主管部门的业务指导或者领导"（《地方各级人民代表大会和地方各级人民政府组织法》第83条）；在政府内部机关之间，国务院"统一领导各部和各委员会的工作"（《宪法》第89条第3项）、"县级以上的地方各级人民政府领导所属各工作部门……的工作"（《宪法》第108条）。"领导"本身并不必然意味着科层关系，如我国《宪法》规定的中国共产党的领导，体现的就是一种政治关系。组织法则将各级政府间的"领导"关系具体化为权限上的指挥监督，不仅限于权限是否执行还及于具体的权限内容，作为强化科层关系的手段。依其具体目的又可以将这种指挥监督关系分为三类：(1) 出于政策和法制统一目的对下级机关的羁束；(2) 为保持下级机关权限而进行统括；(3) 以上级机关与下级机关在日常行政中的协调一致为目的的监督。[①] 在这三类关系中具体的指挥监督手段又会有所差别，以保障科层关系的运行。

上级机关出于政策和法制统一目的对下级机关的羁束通常有三种形式：(1) 指挥命令；(2) 行政行为的取消与停止；(3) 裁决。

---

① 参见钟赓言：《钟赓言行政法讲义》，法律出版社2015年版，第153页。

其中，指挥命令是最为常见的"领导"形式，指的是上级机关依职权或应下级机关请求对下级机关职务上的事项所为的命令。我国组织法上规定了上级机关对下级机关的指挥命令权以及下级机关的服从义务，① 其在内容上或表现为对法令的解释，或表现为具体的指标任务，或表现为执行事务的方针，不一而足。与具有事前监督性质的指挥命令相比，行政行为的取消与停止则是一种事后救济，且依上级机关的意思直接发生效力，多出于维护法制统一或保护相对人利益的目的。在我国，很多法律明确规定了上级机关或主管机关应对下级机关的不适当或违法行为责令停止或改正。② 最后，裁决主要通过行政复议制度实现。为了保护公民合法权益，对行政机关违法或不当的行政行为，公民、法人或者其他组织可以提起行政复议，本级政府或上一级主管部门作为复议机关进行裁决，这也是对下级机关进行监督和羁束的一种形式。

另一种为保持下级机关权限而进行的监督，由于权限在科层制中自上而下分配，上级机关可以也有必要对下级机关的权限进行监督。在具体手段上与上一种监督相似，不外乎采取命令、裁决或取消停止行政行为的形式。行政机关应根据权限做出行为，对下级机关超越权限的行为，上级机关可以取消停止或责令改正；对下级机关之间的权限争议，由上级机关进行裁决。

最后，与前两种侧重于合法性的监督相比，以上级机关与下级

---

① 《地方各级人民代表大会和地方各级人民政府组织法》第73条第1款规定："县级以上的地方各级人民政府行使下列职权：（一）执行……上级国家行政机关的决定和命令，规定行政措施，发布决定和命令。"《公务员法》第14条规定："公务员应当履行下列义务：……忠于职守，勤勉尽责，服从和执行上级依法作出的决定和命令。"

② 如《城市房地产管理法》第70条规定"没有法律、法规的依据，向房地产开发企业收费，上级机关应当责令退回所收取的钱款"；《公共文化服务保障法》第58条规定"违反本法规定，地方各级人民政府和县级以上人民政府有关部门未履行公共文化服务保障职责的，由其上级机关或者监察机关责令限期改正"等。

机关协调一致为目的的监督更加注重实效性，致力于提高行政效能。在效力上，通常限于内部约束力，不对外直接发生效力；在形式上，多表现为巡视、报告等方式。由于这种监督形式不对外直接发生效力，行政法学研究往往未给予充分重视。但从实践的视角观察，这通常是最为常见的监督形式。其中，巡视表现为对事务的检阅，既包括常态化的督查制度，如环保督察、土地督察；也包括非常态的巡视，即上级机关不定期地派遣工作人员检视下级机关的工作情况。而报告则表现为下级机关对上级机关定期或不定期的汇报义务，既可以是针对特定事务，也可以是整体的履职情况，既可以主动报告也可以应上级机关要求而报告。作为一种谋求上下级机关融通的重要方法，即使没有具体的规范依据，出于上级机关对下级机关的监督权，报告也被认为是一种可以行使的手段。[1]

以上是根据目的对科层组织内部的指挥监督关系的分类，其在实践中的具体样态会更加丰富。根据这些指挥监督发生效力的方式，也可以将其分为具体处分和一般指示两类。其中，具体处分类包括行政复议，事前审批、事后备案，目标考核，撤销与变更，执法检查，管辖权裁决，信息报送，行政批示等。一般指示类包括裁量基准，工作指示，权力清单，行政执法指导案例，请示批复等。

这些指挥监督关系的形成和控制技术的应用都以存在科层关系为前提。特别值得强调的是，由于在纵向上不同层级政府及部门之间具有明显的科层关系，这使整个国家行政组织都受科层制下权力向上集中的影响，科层制的优点和缺陷都在中央和地方的关系中得到体现和放大。

---

[1] 参见钟赓言：《钟赓言行政法讲义》，法律出版社2015年版，第155-156页。

3. 央地关系的科层化及其缺陷

上节讨论了我国行政组织间的科层关系，展现了我国金字塔式行政组织结构的动态面貌。在纵向层面，中央与地方国家行政机关严格的层级关系使我国中央与地方关系带上了明显的科层分工色彩。

科层制在我国行政组织上发展的最重要的特征即央地关系的科层化。这意味着不同层级政府之间要保持命令服从关系，由此相伴出现两个现象。首先，在行政权的纵向结构中，层级越高权力越大，行政机关享有的权力与其所处的地位相联系，即使在行政任务下放的情况下，行政权仍然存在向上集中的趋势。从行政任务角度出发的"权力下放""简政放权"并没有改变各级国家行政机关之间的科层关系和责任，上级机关仍然保持对下级机关的支配权。其次，在职权行使上，不同层级的政府之间存在一种行政包容关系，地方政府组织法制定时就确认了这种行政包容关系，[1] 具体表现为各级行政机关间的职责同构，"在通常情况下，人们普遍认为上级行政机关行使下级行政机关的行政权力是理所当然的，而且我国一些学者所撰写的行政法教科书也将此作为一个基本的理论予以肯定。有学者提出上下级行政机关是一种包容关系，依据这样的包容关系，国务院既可以行使省政府的权力，也可以行使县政府的权力，还可以行使乡政府的权力；而省政府既可以行使县政府的权力，也可以行使乡政府的权力"[2]。总之，各级行政组织以层级指示为核心塑造了科层化的央地关系。

上文已经讨论了科层制本身的弊端，在央地关系的科层化的过

---

[1] 参见关保英：《地方政府组织法的修改应从转变法治观念入手》，载《法学》2017年第7期。

[2] 参见关保英：《地方政府组织法的修改应从转变法治观念入手》，载《法学》2017年第7期。

程中不仅科层制的某些弊端被突出体现，还会产生层级化的组织结构与不同规模的民主不相适应的问题。虽然科层制的产生本身是为了适应大规模的行政管理，并以效率为目标，通过明确权责、专业化以及严格的等级管理等手段来实现目标，但其只能在一定限度内保持效率，超越必要限度或面对不同类型的任务，科层制的内在缺陷就会显现出来。政府科层化过程中通常会出现的问题还会因为组织规模的扩张而被放大。

由规模扩张引发的问题包括：（1）低效率刚性。科层制管理主要通过规则命令以及对遵守规则命令的激励来保障效率，但过分依赖规则命令则会出现僵化保守、拒绝变迁的后果，难以适应多变的环境和不确定的任务。由于在大国治理中不同地区、不同层级的政府组织面对的环境差异大，也会加大科层体制顺利运行的难度。（2）科层制下金字塔式的组织结构依赖于自上而下的直接监控，在中央与地方关系科层化的情况下，这种直接监控的链条过长，成本过高。（3）科层组织中容易出现目标置换的现象，在决策权集中而执行权分散的情况下，决策者和执行者的目标可能发生偏离，特别是面对较为复杂、难以量化的行政目标时，目标置换往往会导致执行上的偏差。（4）信息收集与处理的困难，科学决策有赖于准确的信息，行政组织本身承载着信息收集、加工、解释的功能，在垂直性的职务构造中，掌握最终决策权的上级机关要依赖下级机关收集和输送信息。在这一过程中可能存在信息过载、信息不足等问题，一方面源源不断的信息供给可能使决策机关被海量信息淹没，陷入决策困境；另一方面，传递过程的偏差和失效也可能造成信息的不足。[1]

---

[1] 参见陈爱娥：《行政任务取向的行政组织法——重新建构行政组织法的考量观点》，载《月旦法学教室》2003年第5期。

除这些属于科层组织自身缺陷的问题以外，在民主制下央地关系的科层化还会面对正当性上的质疑。其中，最为直接的是科层制与民主制相结合过程中要面对的规模问题。在现代社会，对于政府组织而言，科层制结构既需要民主制的制约，也需要民主制提供正当性，科层制组织结构上的集中倾向与其作为一个整体向代议机构负责之间需要协调统一，而在民主过程中会有不同规模的差别。以我国的人民代表大会制度为例，我国《宪法》中规定"人民行使国家权力的机关是全国人民代表大会和地方各级人民代表大会"，即承认不同规模的民主单位，相应的各级政府作为本级人大的执行机关也应该向其承担回应责任。而在中央地方关系科层化的情况下，这种回应性责任往往被对内的层级责任取代，进而伤害地方的自主性。科层制与民主制的结合要平衡政府集中管理的效率和公民决定自身生活的能力与权利之间的关系。科层组织体现的行政集中本身具有工具价值，但如果过于强调纵向层面的科层关系可能导致中央与地方关系的单一化以及政治责任的空洞化。下文将从部门间关系和政府间关系两个角度展现央地关系的科层化。

（二）央地关系的科层化：双重领导与垂直管理的结合与转化

我国政府工作部门实行双重领导与垂直领导相结合的管理体制，其中前者为常规，后者为例外。一般认为垂直管理体制反映了行政权力的集中行使，而以属地管理为主的双重领导体现了中央与地方的分权。鉴于此，近年来在很多领域逐步推进的垂直管理改革被认为目的是纠正条块分割导致的碎片化。

然而，尽管垂直管理改革在特定情况下能够取得集权效果，但垂直管理体制本身并不与法律上的分权制或集权制相联系，实行行政分权制或集权制的国家都可能在部分领域设置垂直管理的部门来执行国家公务。反而是在我国行政组织上更为普遍的"双重领导"体制明显带有行政集权制特征。因此,在"双重领导"的属地管理体制下出现的一系列问题未必是"过度分权"的后果,而以"垂直管理"为代表的加强集权的对策也未必是对症下药。下文将简要介绍我国政府工作部门的法律地位和组织结构以及不同组织结构的类型和标准,展现两种组织结构间的转换,以及这一现象所体现的通过强化科层关系解决分权问题的倾向。

1. 概述:政府工作部门的法律地位和两种组织结构

我国宪法和政府组织法对政府工作部门的规定较为简略,在实践中通行属地为主的双重管理以及垂直管理两种组织结构。其中,《宪法》规定了中央人民政府与地方各级人民政府工作部门的设置(《宪法》第89条第4项、第108条)和国务院各部委的领导体制和行使权力方式(《宪法》第90条)。除此之外,《宪法》本身并未明确规定部门之间的组织关系,特别是政府工作部门在纵向层面的组织结构。目前普遍实行的双重领导的部门管理体制主要由《地方各级人民代表大会和地方各级人民政府组织法》确定,《地方各级人民代表大会和地方各级人民政府组织法》第83条规定了政府工作部门与上级政府主管部门的"业务指导或者领导"关系,[①]成为我国双重领导的部门管理体制最主要的法律依据。如果考察其宪法依据,则要追溯到各级政府间领导与被领导的关系(《宪法》第108条、第110条第2款),不同层级政府部门之间的领导关系是政府间

---

① 《地方各级人民代表大会和地方各级人民政府组织法》第83条规定:"省、自治区、直辖市的人民政府的各工作部门受人民政府统一领导,并且依照法律或者行政法规的规定受国务院主管部门的业务指导或者领导。自治州、县、自治县、市、市辖区的人民政府的各工作部门受人民政府统一领导,并且依照法律或者行政法规的规定受上级人民政府主管部门的业务指导或者领导。"

领导关系的具体化，通过部门的领导是上级政府领导下级政府的方式之一，是目前组织法对相应宪法条款的具体塑造。

政府工作部门之间的双重领导关系也符合中央集权下权力下放的基本特征，类似于法国平面的权力下放方式，国家先将权力下放到一般权限的国家行政机关，再由一般权限的国家行政机关对本行政区域内专门权限的地方国家行政机关的权限进行分配。部门的双重领导体制反映出我国行政体制上中央集权制的特征。但与此同时，地方政府本身的双重领导体制使地方政府具有双重属性，即地方政府并不完全是权力下放机关，又使我国不同于典型的中央集权制。

至于垂直管理体制，本身是各国政府广泛采用的一种组织机构，一般指中央政府部门在地方设立分支机构或派出机构并实行垂直领导的一种组织形式。通常这种组织形式对应最狭义的中央事权，构成中央政府执行立法的事权执行机制。我国宪法和政府组织法没有直接规定垂直管理体制及实行垂直管理体制的部门，垂直管理部门的设置通常由单行法律规定，如《银行业监督管理法》《中国人民银行法》《海关法》《民用航空法》等法律中都规定了行政组织由国务院职能部门统一管理的组织形式。结合我国行政组织中实行垂直管理的实践情况，可以归纳出垂直管理的几种主要模式。

首先，根据机构设置可以分为跨行政区域和按行政区域设置的两类垂直管理部门，前者如海关总署、中国人民银行和中国民用航空局等部门的派出机构实行跨行政区划的设置，而国家税务总局、国家邮政局等部门的下属机构的设置基本与行政区划一致。

其次，还可以根据事权进行划分，区分中央的专属事权和共享事权，有学者将我国目前的垂直管理部门分为实体性垂直管理部门与督办性垂直管理部门。[①] 所谓的实体性垂直管理部门对应国防外交、邮政、铁路、航空等中央专属事权，在机构设置上组成独立的垂直管理体系，地方政府不设同类业务机构，由垂直管理部门独立执行中央事权，既包括完全实行垂直领导的部门也包括部分虽未整体实行垂直领导但设置特定派出机构的部门。而督办性垂直管理部门则往往对应环保、医疗卫生、就业等中央与地方共享事权，在机构设置上表现为中央部门在地方设置派出机构，与地方同类业务部门并立，通过协作、督促、监督等形式配合地方政府工作部门执法。如生态环境部下设六个区域督查中心（后更名区域督察局），督查中心本身并不具备对外执法权，而主要对地方政府的执法情况进行监督。

最后，根据政府层级，在中央垂直管理部门之外，省、地、县三级政府的职能部门大多设有自己垂直管理的部门，其中全国范围和全省范围内垂直管理的行政机关最为典型。与中央与地方的事权划分相比，省级以下各级政府事权的划分更不明确，省以下的垂直领导部门往往在垂直管理和属地管理之间频繁调整，如在药品监管领域，1998年建立了省级以下垂直监管的部门，在2008年公布的《国务院办公厅关于调整省级以下食品药品监督管理体制有关问题的通知》中，又将药品监督管理机构由省级以下垂直管理改为由地方政府分级管理。故而本书主要讨论中央政府部门的垂直管理体制（见表3-1），关于省级实体性垂直管理体制见表3-2。

[①] 参见沈荣华：《分权背景下的政府垂直管理：模式和思路》，载《中国行政管理》2009年第9期。

表 3-1　全国范围内垂直管理体系

分类	中央部门		地方派出机构
全国范围内实体性垂直管理体系	中国人民银行		跨行政区的地区分行
	海关总署		海关分署和直属海关
	国家税务总局		省级国家税务局
	国家烟草专卖局		省级烟草专卖局
	国家外汇管理局		省级分局
	国家金融监督管理总局		省级监管局
	中国证券监督管理委员会		省级证监局
	国家能源局		区域监管局
	交通运输部	国家铁路局	地区铁路监督管理局
		中国民用航空局	地区管理局
		国家邮政局	省级邮政管理局
		海事局	直属海事局
			航务管理局
	国家移民管理局		省级移民管理机构
	国家统计局		区域统计调查总队
	水利部		流域水利委员会
	自然资源部	国家林业和草原局	区域办事处
	应急管理部	国家矿山安全监察局	地方矿山安全监察局
		国家消防救援局	地方消防救援总队
		中国地震局	省级地震局
全国范围内督办性垂直管理体系	财政部		驻各地财政监察专员办事处
	商务部		驻各地特派员办事处
	审计署		驻地方特派员办事处
	自然资源部		驻地方自然资源督察局
	生态环境部		地区督察局

表 3-2 省级实体性垂直管理体系

省级政府部门	地方分支
税务局	地方税务局
生态环境厅	市级环境监测机构

垂直管理体制往往意味着行政权力的集中行使，但垂直管理体制本身并不等于中央集权，相反在很多国家行政部门的垂直管理是与行政分权制联系在一起的，是在中央与地方事务分权框架下中央政府自行执行立法模式所对应的行政组织形式。如在二元联邦主义的框架下，美国联邦政府负责执行联邦法律，具备执法权的联邦机构在地方设立分支机构，也自然对这些分支机构实行垂直管理。在单一制国家，中央部门对自己在地方设立的派出机构也会实行垂直领导。但在缺乏法律上的分权制度、中央与地方事权界定不清的情况下，垂直管理的扩张往往有侵犯地方自主权之嫌。在我国，垂直管理改革常被作为应对规制领域"地方保护"现象的措施，双重领导体制则为这种"地方保护"提供了组织上的基础。然而，双重领导体制下产生的问题是否由过度分权引发，又是否能通过集权方式解决，下文将对此进行分析。

2. 双重领导体制：现状及问题

在大部分行政领域，我国政府部门都实行双重领导的体制，即作为地方政府的工作部门受本级政府的统一领导，同时还作为职能部门受上级政府主管部门的业务指导或领导。大体而言，本级政府的统一领导体现在人事、财政和组织方面，而主管部门的指导或领导主要体现在业务职能方面。

组织法本身没有明确规定领导与指导的区别，也没有具体规定领导与指导的实现方式，在实践中主要通过传统、行政惯例、具体领域的法律规范进行确定。具体而言，地方政府工作部门是为了完成本级政府职能而设置的业务管理机构，是地方政府的有机组成部分，因此理应接受本级政府的领导。不仅地方政府工作部门的负责人由本级政府首长提请同级人大及其常委会任免，还要对本级政府负责并报告工作，执行本级政府决定、命令，本级政府作为地方政府工作部门复议机关，受理复议申请，审查工作部门作出的行政行为是否合法适当。从另一个角度来说，地方政府也要通过自身工作部门履行政府职能，协调不同部门在履行职责过程中的关系，同时为法律实施的情况承担政治责任，向人大负责。

我国政府与工作部门间的"领导"关系与大部分国家并未有明显区别，区别于一般制度安排的是在纵向层面政府部门之间的指导或领导关系。地方政府工作部门依照法律或行政法规的规定接受上一级人民政府相应主管部门的业务指导或领导，即职能部门在作为地方政府一部分的同时本身也构成一个科层系统。职能部门之间的业务指导或领导关系体现为：第一，下级部门对上级部门负有报告义务，这既包括常规的报告义务，也包括行政规范规定的业务范围内的重大事项的报告义务，类似规范在不同的行政领域普遍存在。如根据2011年国务院颁布的《国家食品安全事故应急预案》对出现食品安全事故的情况要求"卫生行政部门应当按规定向本级人民政府及上级人民政府卫生行政部门报告；必要时，可直接向卫生部报告"。第二，职能系统内部特别是中央部委可以通过行政规章、通知、意见、实施办法、公告等方式指导下级部门的业务工作，并通过工作会议、座谈会、工作检查等多种形式加强联系，保障日常行政中各级部门之间的上令下达与协调一致。① 第三，下级部门可以就工作中的问题向上级部门进行请示，请求给予指导。第四，职能部门特别是中央部委本身掌握很多资源，通过项目制等资源分配方式可以影响下级部门甚至是下级政府的政策选择。第五，在实现双重领导的行政领域，上级主管部门同样作为下级部门的复议机关，可以受理复议申请，审查下级部门作出的行政行为是否合法适当。可见，尽管不同行政领域具体的权限分配有所差别，各级职能部门之间同样普遍存在科层分工关系。

这种科层关系使职能系统本身成为各级政府之外的一个具备自身利益和行动逻辑的科层组织。这样的制度安排主要出于以下几点考虑：首先，从中央与地方关系的角度看，通过职能系统内部的指导关系加强中央对地方监督管理的能力，即所谓的"以条制块"，这也是双重领导制度最主要的目标；其次，从专业的角度看，通过建立专门的职能系统并加强内部的交流，达到分享经验、提高行政专业化程度的目标；最后，从法律实施效果的角度看，职能部门往往对应特定领域的法律实施，通过加强部门间的指导关系，能够尽可能地保障法律实施效果的一致性，实现法制统一。

与此同时，双重领导的体制也存在一定的不足之处。首先，对于工作部门的设置，地方政府并没有完全的决定权。根据《地方各级人民代表大会和地方各级人民政府组织法》，地方政府"工作部门的设立、增加、减少或者合并"要在报请批准之后报本级人民代表大会常务委员会备案。② 而为了便于自上而下的领导，部门设置往往

---

① 参见周振超：《当代中国政府"条块关系"研究》，天津人民出版社2009年版，第57页。
② 《地方各级人民代表大会和地方各级人民政府组织法》第79条第3款；《地方各级人民政府机构设置和编制管理条例》第9条。

遵循"上下对口,左右对齐"的原则,并非完全基于地方需要,由此导致的直接后果是不同层级的政府间职责趋同,机构重叠膨胀。其次,职能系统间本身存在科层关系,并由此产生了管理的需要和部门利益,而这种部门利益未必总能与地方利益相一致。在此情况下,上级主管部门不仅能直接对下级部门进行业务指导,也可以通过资源分配或评比检查等一系列手段影响地方政府,可能会削弱地方政府的自主性,破坏了地方政府作为一个整体对外负责的能力,特别是对地方事务的干预还可能侵犯本区域的居民管理自身事务的权利。最后,在责任承担上,双重领导的体制可能会导致责任碎片化的结果。在不同的执法领域,法律同时规定了国务院主管部门和地方政府对法律实施负责,但对二者所承担责任的性质、内容和应责对象并无明确区分。一方面,在特定领域职能部门与政府之间的权责不清;另一方面,从整体上看各职能部门的分割会引发治理责任的碎片化。

从前文介绍可以看到双重管理体制本身建立在行政集权的基础上,是对上下级政府间领导关系的延伸,体现了加强自上而下控制的目标。实践中,由于地方政府对人财物方面的控制,上级职能部门的影响往往相对受限,很多时候并不能取得预期的监督作用,特别是在政府权力相对缺乏制约的情况下,往往会产生"地方保护""执行偏差"等问题,就此产生的职能系统与地方政府的矛盾是央地矛盾的具体化。对此,我国习惯性的应对措施是通过职能系统加强监督、控制或"纠偏",甚至通过组织上的垂直管理来达到目标。

3. 垂直管理模式的扩张:原因与界限

对于属于中央事权的行政领域,垂直管理的体制普遍存在。如国税、海关等领域,在大多数国家都由隶属于中央政府的职能部门直接管理。本节讨论的垂直管理模式在我国行政领域的扩张指的是为达到更好的法律实施效果，将原本隶属于地方政府的部门从地方政府序列退出，实行中央或省级以下垂直管理的现象，所涉及的领域大多属于中央与地方共享事权的领域，如环境保护、质量监督、食品安全、国土资源管理等。

20 世纪 90 年代以来，垂直管理改革就成了中央政府整治地方保护、保障法律实施效果统一的重要手段。这一阶段垂直管理模式的扩张有如下特征：第一，在领域上，多为既需要强调法律实施统一又有明显在地特征的执法领域，如环境、国土等部门，难以完全划入中央事务或地方事务。第二，在举措上，垂直管理以加强不同层级行政组织间自上而下的监督和控制为目的，着眼于行政组织间的关系而非行政事务的性质。如在很多领域都首先实行省以下的垂直管理，以 2004 年的国土资源管理体制改革为例，[①] 将省以下的土地审批权限、人事权限统一集中到省级国土部门，但"市（州、盟）、县（市、旗）两级国土资源主管部门是同级人民政府的工作部门，其机构编制仍由同级人民政府管理"，仅将领导干部的人事任免权上收到上一级主管部门。又如在某些行政领域推行垂直管理模式，但只在职能系统内的特定机构实行，以 2016 年试行的省以下环保机构监测监察执法垂直管理制度改革为例，[②] 市级环保局仍然作为市级政府的工作部门，同时实行以省级环保厅为主的双重管理体制，主要体现在负责人的任免上以主管部门为主。而真正完全实行垂直管理的是环保部门的环境监测机构，"将市县两级环保部门的环

[①] 《国务院关于做好省级以下国土资源管理体制改革有关问题的通知》（国发〔2004〕12 号）。

[②] 《中共中央办公厅、国务院办公厅关于省以下环保机构监测监察执法垂直管理制度改革试点工作的指导意见》。

境监察职能上收,由省级环保部门统一行使","现有市级环境监测机构调整为省级环保部门驻市环境监测机构,由省级环保部门直接管理,人员和工作经费由省级承担"。这表明在这些行政领域推行垂直管理模式,并非完全试图改变既有的事权性质和划分,其主要目的在于加强自上而下的监督和控制,以致行政组织上的控制权被上收之后,行政任务和责任仍在地方。第三,垂直管理模式的扩张往往具有一定的反复性,同一部门会在属地管理和垂直管理之间反复调整。以药品监管为例,2000年药品监督系统进行机构改革,实行省以下的垂直管理,以提升职能部门的独立性,然而垂直管理改革并没有达到预期目标,反而出现了职能部门"寻租"问题,2008年取消了省以下垂直管理并将国家药监局改由卫生部管理。

由此可见,垂直管理模式的扩张与属地管理中的双重领导遵循相似的逻辑,都可以通过职能系统加强对某些领域的控制。属地管理模式与垂直管理模式之间的频繁转换,反映的主要是自上而下科层关系的强化。之所以出现这种现象主要出于以下原因:首先,我国大部分行政领域都遵循中央立法地方实施的模式,地方政府作为国家行政机关很多时候被视为中央政府的执行机关,承担了主要的执法任务。在这种模式下,中央和地方之间没有明确的事务性分权,由此产生了两个后果:一方面,地方政府本身是"全能政府",不仅负责地方性事务同时还承担大量下放的行政任务,即所谓的地方"中央化";另一方面,也由此产生了中央政府控制地方政府的压力,毕竟下放权力的行使最终要由中央政府承担政治责任。其次,在横向监督机制相对缺失的情况下,行政系统内部自上而下的层级监督就显得更加重要,而这种层级监督很大程度上通过职能系统展开。最后,在传统观念中,执法中的偏差往往被归咎于地方政府，被认为是地方政府不能忠实执行法律与中央政策的结果，并进而把国家能力等同于行政系统内部自上而下的控制力，由此得出加强行政集权的结论，却忽视了双重管理体制本身就有明显的集权色彩。

总之，垂直管理模式的扩张反映了我国行政体制面对法律实施困境而加强行政集权的倾向，这种作为对策的集权措施有一定的局限性。

第一，不区分事权性质的扩张可能会破坏地方政府职能的完整性，影响地方政府独立应责的能力。前文已介绍了20世纪90年代以来我国垂直管理模式扩张的主要特征，可以明显看出把垂直管理作为加强自上而下控制手段的倾向，而并没有充分考虑行政任务的性质与地方政府职能的完整性，以至于很多实行垂直管理的领域在事实上涉及大量的地方性事务。特别是在中央与地方共享事权的领域，把加强自上而下的控制作为目标的垂直管理改革可能会破坏地方政府职能的完整性，影响地方政府履行职责的能力。如在环境治理、食品安全治理等领域，法律上规定了地方政府责任，而实践中又推行机构上的垂直管理改革，极易造成权责失衡的结果。以食品安全监管为例，一方面，强化地方政府责任，2004年颁布的《国务院关于进一步加强食品安全工作的决定》（已失效）强调"地方各级人民政府对当地食品安全负总责"。另一方面，与此同时的很长时间里涉及食品安全的生产、销售、消费等主要环节的质量监督、工商行政管理、食品药品监督管理等机构都在省以下实行垂直管理。这给地方政府职责的实现造成了困难，以至于在之后修法的过程中，考虑到权责一致原则的要求，以"统一负责"取代了"负总责"的表述。① 但无

---

① 参见史全增：《论我国地方政府在食品安全监管中的责任》，载《财经法学》2017年第5期。

论是"统一负责"还是"负总责",地方政府的履职、应责能力都有赖于组织上的合理结构。

第二,从执法效果上看,在垂直管理模式的扩张过程中缺乏对行政任务性质的考虑。假如地方政府不能有效履行职责,就将权力上收到职能部门,这可能会忽视法律实施的复杂性。垂直领导的职能部门虽然具备较强的独立性,但其法律实施通常会牵涉地方治理中的各方面,缺乏地方政府的平衡和配合也很难起到良好的法律实施效果。对于有明显在地性质的行政任务,如环境治理等,仅依靠职能部门保障政令统一也难以应对多元、多变的现实需求。

第三,垂直管理模式扩张意味着权力和责任向上集中,然而权力集中本身并不保障其能得到合法、合理的行使,垂直管理的职能部门同样需要制约与监督。在垂直管理的模式下,一方面,容易出现部门利益固化的问题,作为规制者的职能部门本身易受规制对象的"俘获",部门利益也可能与地方的正当利益发生冲突;另一方面,政治责任向上集中,从长期来看可能会加剧政治风险。

第四,从整体上看,在众多不同领域推行的垂直管理模式,实际上是将行政权力在横向上进行分割,分散的权力缺乏协调一致的机制,容易在整体上导致权力和责任的碎片化,本以集权为目标的改革反而未必能收到权力集中行使的效果。

以上这些问题在事实上削弱了垂直管理模式的效果,故而长期以来虽然在某些行政领域都出现了垂直管理模式扩张的现象,但这种扩张本身又呈现渐进、局部和反复的特征。

4. 小结:集权制下的路径依赖

我国政府部门组织结构中双重领导与垂直管理模式的结合与转化都建立在中央政府与地方政府的科层关系上。职能系统的双重领导体制本身就是对不同层级政府间领导与被领导关系的发展和强化，反映了行政集权的倾向，而垂直管理模式在各个行政领域的扩张更体现了强化纵向科层关系的目标。在双重领导体制下，地方政府作为上级政府执行机关的属性与作为本级人大执行机关的角色混同，政府工作部门间纵向的科层关系更强化了地方政府作为上级政府执行机关的身份。法律实施的困难被归咎于政府自上而下的"执行偏差"，制度惯性下的"纠偏"手段也以加强纵向集中控制为主，以致在路径上依赖通过进一步的行政集权来解决行政集权产生的问题。然而，由科层制自身缺陷导致的很多问题并不能通过加强集中控制的方式解决。

（三）央地关系的科层化：地方人民政府与派出机关的结合与转化

1. 概述：一般权限行政机关的两种类型

我国宪法对行政机关性质的规定较为单一，没有明确规定地方公共团体的概念，同时还强调了地方政府作为"国家行政机关"的属性，《宪法》中具体规定的行政机关只有"各级人民政府"和"工作部门"两种类型。其中，各级人民政府在特定行政区域内享有一般权限，管理本行政区域内的行政事务，而政府所属工作部门受本级政府领导，是本级政府行使职能的机关。然而，实践中行使一般权限的国家行政机关除了各级人民政府还有各级人民政府的派出机关，比较这两类行政机关的功能定位与发展，可以看出地方政府"派出机关化"和派出机关"政府化"的趋势，反映了中央与地方之间科层关系加强的走向。

除各级政府外，我国行政组织中存在行政公署、区公所、街道办事处三种派出机关作为一般权限的行政机关，由相应的地方政府根据业务管理的需要设立，作为上级政府进行行政管理、下放行政任务、统筹监督的工具。派出机关与地方政府在功能上的相似之处成为二者在发展过程中结合与转化的基础。首先，二者都属于一般权限的行政机关，在特定行政区域内行使国家的一般职权；其次，在与上级政府的关系上，二者都受上级政府的领导，执行上级机关的命令。

但在性质上，各级政府作为政权机关与派出机关有本质区别。第一，从产生方式来看，各级政府由本级人大产生，派出机关由上级政府设立。第二，从功能定位来看，各级政府是由宪法确认的政权机关，管理辖区内的地方事业和行政工作，具有较为广泛的职权和自主性；而派出机关是由地方政府组织法确认、由上级政府根据需要创设的机关，主要承担上级政府下放的任务和权力。第三，在责任承担上，地方政府既要对本级人大负责，受本级人大监督，并以此为途径最终向人民承担政治责任，同时也要对上级政府承担行政责任；而派出机关主要对设立它的地方政府承担行政责任。第四，从组织形式和规模上看，地方政府的组织受宪法和地方政府组织法的约束，在建置、人员构成、工作部门的设立等方面都较为稳定；派出机关则根据行政需要设置，原则上应更为精简、灵活。总之，地方政府不仅受科层原则的约束，还要受到民主原则的制约，同时还是行政分权和权力下放的承担者，而设置派出机关主要出于科层关系的考虑。当行政机关间的纵向科层关系单独受到强调时，二者在性质上的差别就可能被忽视。

2. 地方政府的执行职能与治理职能

上文已经提到，地方政府不仅要执行上级政府的命令、承担上级政府下放的行政任务，还是地方治理的主体，对地方性事务承担政治责任，即兼具"执行"与"治理"两种职能。从对地方政府职权的规定上来看，宪法不仅对这两种类型的职能进行了区分，对不同层级政府的定位还有明显的倾向。具体而言，在宪法规定的省（自治区、直辖市）、县（自治州、自治县、市）、乡（民族乡、镇）三级地方政府体制下，乡镇政府有明显的"执行型"地方政府的色彩，而县级以上地方各级政府则属于"治理型"地方政府。

之所以能够在乡镇一级政府和县级以上地方各级政府之间做出这样的区分，主要有宪法规范、行政组织结构和制度实践三个方面的依据。

首先，从宪法规范上来看，对地方政府职权进行规定的《宪法》条款区分了县级以上人民政府和乡镇一级人民政府，① 其对地方政府职权的列举分别以"县级以上地方各级人民政府"和"乡、民族乡、镇的人民政府"为对象；在职权内容上对前者进行了详尽的列举，而对后者则首先强调执行本级人大的决议和上级国家行政机关的决定和命令；在具体表述上前者职权包括"管理本行政区域内的各项事业和各项行政工作""发布决定和命令""任免、培训、考核和奖惩行政工作人员"，而对后者仅规定了"管理本行政区域内的行政工作"。二者的差别不仅在于单独规定了县级以上地方政府具有发布决定和命令的权力以及人事权，更在于对事权的列举上，对县级以上地方政府规定了各项"事业"和各项"行政工作"，而对乡镇政府仅规定了"行政工作"。"事业"必然不是对"行政工作"的同

---

① 《宪法》第107条规定："县级以上地方各级人民政府依照法律规定的权限，管理本行政区域内的经济、教育、科学、文化、卫生、体育事业、城乡建设事业和财政、民政、公安、民族事务、司法行政、监察、计划生育等行政工作，发布决定和命令，任免、培训、考核和奖惩行政工作人员。乡、民族乡、镇的人民政府执行本级人民代表大会的决议和上级国家行政机关的决定和命令，管理本行政区域内的行政工作。省、直辖市的人民政府决定乡、民族乡、镇的建置和区域划分。"

义反复，而是指与本地方利益密切相关，允许并鼓励地方发挥主动性、积极性的自主事务；而"行政工作"则更接近具有统一标准、要严格遵循统一领导的国家行政任务。后文还会对这两个概念进行具体区分，在这里仅指出宪法对政府职权的规定的差别反映出了乡镇政府作为以任务为导向的"执行型"政府的定位。

其次，从行政组织结构上看，乡镇一级地方政府也与县级以上地方政府有明显区别，其不仅在机构设置上更为精简，受乡镇一级人大不设常务委员会的影响，其作为上级政府执行机关的意味也更加明显。在机构上，乡镇政府没有像县级以上地方政府一样设置双重领导的工作部门，行政工作主要由内设机构处理，① 各地所设的机构也有较大的区别。且设在乡镇一级的所谓"七站八所"，多属于上级部门的派出机构，接受上级部门和政府的领导，设置这些机构的主要目的也是与上级"对接"。同时，虽然乡镇在组织法意义上是具有独立地位的基层政权，但其决策能力受到制度性的限制。依据《地方各级人民代表大会和地方各级人民政府组织法》的规定，乡镇政府执行本级人大和上级政府的决定和命令，但乡镇人大不设常务委员会进行日常工作，其基本活动一般是每年一次的会议，其作为权力机关的地位和作用有待提高。② 自主性权力不足以及相伴而来的"权责不等""钱少事多""人杂活多"成为困扰乡镇治理的体制性困局。③

最后，从历史与制度实践的角度来看，乡镇一级政府作为我国

---

① 参见陈华栋、顾建光、蒋颖：《建国以来我国乡镇政府机构沿革及角色演变研究》，载《社会科学战线》2007年第2期。
② 参见胡萧力：《乡镇治理的结构、功能及法治化研究》，载《东方法学》2015年第4期。
③ 参见周少来：《乡镇政府体制性困局及其应对》，载《甘肃社会科学》2019年第6期。

的基层政权,其规模最小,与民众生活最为贴近,但无论是在法律意义上还是事实上其自主性偏低。对此,一种出于历史路径的解释认为这是由于新中国成立后,国家出于政权建设、经济建设方面的考虑,实行工业化和城市建设优先的政策,需要从农村汲取资源。[1] 虽然国家与社会关系历经变迁,出于制度上的路径依赖,乡镇一级政府一直被定位为上级政府的执行机关,"在后来的政府演变中,乡镇政府距离独立一级政府的设计目标越来越远"[2]。此外,科层制本身就强调自上而下的控制,对下放的权力存在"信任差序",[3] 随着层级的降低,自主权也逐渐减少。对此现象,近年来出现了从治理角度出发进行的反思,为此,一方面出现通过"扩权强镇""镇改市"等措施加强乡镇政府自主权的呼吁;[4] 另一方面也出现了类似于"镇改办"的将乡镇一级政府直接改造为上级政府派出机关的现象,[5] 这些现象从正反两方面都说明了实践中乡镇政府执行导向的特征。

相较之下,我国宪法对县级以上各级政府职权的规定则兼顾了"执行"与"治理"两个方面。《宪法》第 107 条第 1 款对政府职权

---

[1] 参见杨尚东:《建国初期(1949-1954 年)行政组织法认识史》,山东人民出版社 2013 年版,第 130 页。

[2] 赵树凯:《县乡政治治理的危机与变革——事权分配和互动模式的结构性调整》,载《人民论坛·学术前沿》2013 年第 21 期。

[3] 在我国,对权力在纵向上的信任差序不仅是一种普遍的社会心理,也体现在法律对权力的配置上;不仅立法权的配置依据重要性原则,对行政管辖权也往往依据事务重要性进行分配,将"重要"的权力交由行政级别较高的机关行使。如 1992 年出台的《环境保护行政处罚办法》把案件的重要程度作为不同层级环境行政主管部门的管辖标准,到 1999 年修订的《环境保护行政处罚办法》对省市县三级环境行政主管部门的处罚权限设置由高到低的标准。尽管相当多的行政事务的重要性难以量化,但在不同层级行政机关职责同构的情况下,各级行政机关基本呈现自主权递减的趋势。

[4] 参见高翔:《选择性培育:赋予乡镇政府更多自主权的实践逻辑及其优化》,载《探索》2019 年第 1 期。

[5] 参见王俊:《民族乡撤乡建镇、改办的思考——基于昆明市 6 个民族乡的案例研究》,载《云南民族大学学报(哲学社会科学版)》2015 年第 4 期。

进行列举时区分了"经济、教育、科学、文化、卫生、体育事业、城乡建设事业"和"财政、民政、公安、民族事务、司法行政、计划生育等行政工作"。有研究者指出"和"字前后的事项应该划入不同类别，这不仅是出于汉语语法的考虑，更结合了《宪法》对人大职权的规定。① 具体而言，地方政府作为地方人大的执行机关，其职权与地方人大的职权密不可分。从《宪法》第99条第1款对地方人大职权的列举来看，"地方各级人民代表大会……审查和决定地方的经济建设、文化建设和公共事业建设的计划"，其中"地方的经济建设、文化建设和公共事业建设"的表述与政府职权中各项"事业"的表述在内容和用词选择上都高度重合，同时地方人大"审查和决定……计划"的职能又与地方政府的"管理"职能在形式上形成配合，这说明地方政府职权中负责"管理"的各项"事业"正是地方人大职权中负责"审查和决定"的各项"事业"。同时这还意味着地方政府行使"管理"各项"事业"职权的主要责任对象是地方人大。再结合《宪法》第2条第3款"人民……通过各种途径和形式……管理经济和文化事业"以及第2条第2款"人民行使国家权力的机关是全国人民代表大会和地方各级人民代表大会"的规定，可以认为对于《宪法》第107条第1款中列举的各项"事业"，地方政府最终要通过地方人大向本地人民负责。因此，该条款中的"事业"是地方自主事权在宪法中的本质表述。② 而宪法对地方自主事权的承认又以人民通过地方人大行使权力为基础，具有民主正当性。

---

① 参见王建学：《论地方政府事权的法理基础和宪法结构》，载《中国法学》2017年第4期。

② 参见王建学：《论地方政府事权的法理基础和宪法结构》，载《中国法学》2017年第4期。

总之，宪法虽然没有直接采用"地方性事务"的表述，但结合其对地方政府和地方人大职权的列举，能够从中解读出作为地方自主事权基础的地方性事务的内涵。对于地方性事务，地方人大和地方政府共同作为治理主体，地方政府要对产生它的权力机关负责并受其监督。在同一条款中，各项"事业"之外的"行政工作"则对应地方政府受委托而负责执行的事务，其在本质上不属于地方事权，往往具有较为统一的标准和尺度。地方政府对这类事务应以"执行"为主，并受上级政府的监督，就其"执行"效果向上级政府负责。综上可见，宪法对县级以上各级政府"执行"与"治理"的两种职能分别予以规定，与乡镇一级政府相比，县级以上各级政府的"治理"职能受到更多强调。

宪法对地方政府"治理"职权的强调，再次反映了地方政府与具有一般权限的派出机关的差异，从其职权中也能推导出以下几点要求：首先，地方政府与地方人大共同作为地方事业的治理主体。作为地方人大的执行机关，地方政府治理责任的主要对象是地方人大。而地方人大作为人民行使权力的机关，对人民负责，受人民监督。由此，人民、地方人大和地方政府在地方治理上形成一个整体。其次，"地方事业"构成地方治理的主要内容。宪法概括性地提及了地方各项事业，为这一概念的建构奠定了基础，《立法法》提出的"地方性事务"概念是对地方事业的展开。一般认为，提出"地方性事务"概念的意义主要在于进一步充实和明确地方立法的范围，使地方立法机关在理论上获得自主立法的空间。[①] 因此这一概念对行政的影响并没有被充分重视，"地方性事务"同样应该作为行政

[①] 参见孙波：《论地方性事务——我国中央与地方关系法治化的新进展》，载《法制与社会发展》2008年第5期。

分权的基础。再次，地方政府对地方事业的治理应具有自主权，这种自主权是地方政府对外独立承担责任的基础，其源于宪法授权，并区别于中央政府或上级政府下放的权力。最后，宪法对地方层级的划分直接影响地方利益的确定和地方治理的展开，因此应该得到充分的重视和尊重。地方事业和地方治理源于当地人民的共同需求，要求"以地方之人，用地方之财，兴地方之事，理地方之政"①，这都依托于"地方"这一概念，然而地方本身也有类别与规模之分，不仅事权划分要建立在层级独立的基础上，层级的划分也会直接影响地方的规模，进而影响行政成本与地方利益的判断。

3. 地方政府与派出机关的结合与转化

上文分别介绍了派出机关与地方政府的性质、功能与特征，特别强调了地方政府有别于派出机关的治理责任。从行政权力纵向配置的角度看，派出机关是典型的权力下放机关，而地方政府的设立则同时具有权力下放和行政分权的意义。在权力下放与行政分权并存但界限分明的情况下，两类机关各司其职，界限明显，但当两种权力配置方式混同或某一种权力配置方式被单独强调的情况下，两类机关的差别则可能被忽视。在我国行政体制的变迁中，一个值得注意的现象是派出机关与地方政府的结合与转化。其中，最具代表性的是行政公署的逐步撤销和"地级市"的产生，分析这一现象可以看到在两类机关结合与转化的过程中，行政机关的科层关系被不断强化，而一级"地方"的独立地位并未受到充分重视，以致在派出机关"政府化"的过程中，地方政府也有"派出机关"化的趋势。

---

① 王建学：《论地方政府事权的法理基础和宪法结构》，载《中国法学》2017 年第 4 期。

(1) 省一级派出机关的历史沿革。

行政公署曾是省一级政府的派出机关，由省一级政府根据需要创设，并执行省一级政府交办的各项事务，对其具体的组织形式一直缺乏专门的法律规范。回顾其历史演变，不仅经历了从专员公署到行政公署的更名，还一度从"虚级"派出机关改造成"实级"政府。几十年间地位、性质几度变迁，随着20世纪90年代地级市的创设，行政公署最终被大规模撤销，目前尚存的7个行政公署在功能和职权上也都与设区市没有实质差别。

行政公署的渊源可以追溯到民国时期，相沿千年的州府道制度被废除而建立起行政督察专员公署制度，这一制度在抗日战争时期被抗日根据地民主政府所援用，并在新中国成立后得到普遍实施。1954年的《地方各级人民代表大会和地方各级人民委员会组织法》中规定了专员公署作为省人民委员会的派出机关，这是后来组织法规定的行政公署的前身。"文化大革命"时期，专员公署改为地区革命委员会，成为一级地方政府，1975年《宪法》把地区与市、县并列规定为设立一级地方政权的单位。①"文化大革命"结束后地区革命委员会改为地区行政公署，恢复了派出机关的性质，1978年《宪法》第34条规定"省革命委员会可以按地区设立行政公署，作为自己的派出机构"。随后，1979年、1982年修正的《地方各级人民代表大会和地方各级人民政府组织法》中都规定省一级政府"在必要的时候，经国务院批准，可以设立若干行政公署，作为它的派出机关"。直到20世纪80年代中期地方政府机构改革，行政公署因机构膨胀受到广泛批评，在1986年修正的《地方各级人民代表大会和地

---

① 1975年《宪法》第21条第2款规定："省、直辖市的人民代表大会每届任期五年。地区、市、县的人民代表大会每届任期三年。农村人民公社、镇的人民代表大会每届任期两年。"

方各级人民政府组织法》中才删除省级政府设立"行政公署"作为自身派出机关的规定，并对省一级政府派出机关做出了更为灵活的规定。① 这种修改是希望改变行政公署过于膨胀的现状，能够出现组织形式更为多元的派出机关，但事实上行政公署仍然是最主要的派出机关。随着"地改市"的进行，行政公署数量急剧减少，省一级政府的派出机关逐渐失去了普遍意义上的重要性（见表3-3）。

表3-3 行政公署的历史沿革

时期	名称	性质	主要法律依据
1949—1966年	专员公署	派出机关	《地方各级人民代表大会和地方各级人民委员会组织法》
1966—1976年	地区革命委员会	政权机关	1975年《宪法》
1976年至今	行政公署	派出机关	《地方各级人民代表大会和地方各级人民政府组织法》

从组织和职能上看，无论是最初的专员公署还是后来的行政公署，作为派出机关应有别于一级政府，即在组织形式上以精简为要，职能上也以监督、检查、协调等辅助性的职能为主，如此才能与派出机关的性质相符。但实践中只在派出机关设立之初维持了相应的形式，随着设立时间日久，这一级派出机关的职能、职权和组织都不断膨胀，最终不得不由"虚"到"实"，发展成为一级政府。

在法律规范上，最早对这一级派出机关的组织作出规定的是1950年公布的《省人民政府通则》，该通则第13条规定"各省得根据需要划为若干专员区，各设专员一人，并得设副专员一至二

---

① 《地方各级人民代表大会和地方各级人民政府组织法》第85条第1款规定："省、自治区的人民政府在必要的时候，经国务院批准，可以设立若干派出机关。"

人",与此同时公布的《县人民政府通则》第1条规定"县人民政府委员会为县一级的地方政权机关,受……主管分区专员的监督指导"。这里提到的"专员区""主管区专员"指的就是行政公署制度的前身——专员公署制度。由于之后历次修改的地方政府组织法都只是简单地规定派出机关的设立,而未涉及组织、职权以及其与政府间的关系,《省人民政府通则》《县人民政府通则》中的相关规定成为了规范这一级派出机关的主要依据。

从上述规定可以看出专员公署作为派出机关的性质,其权力主要由省级政府授予,原则上不对外行使行政管理职能,主要职能在于监督指导各县工作。20世纪50年代初,专员公署的职权扩展到行政管理的方方面面,人员和机构也随之不断扩张。以安徽省阜阳专员公署为例,其在1949年成立之初内设14个科局,编制26人,到1956年内设科局已经增至28个,并超过既定的编制。[1] 这种情况在全国各地普遍存在,以致1958年中共中央通过《关于适当扩大某些专署权限问题的意见》授权省级政府扩张派出机关的职权。在职权增加的同时,机构和人员也相应增加,仍以阜阳专员公署为例,到1966年其工作机构已增至36个,行政编制240个,并另有事业编制若干。[2]

"文化大革命"时期,"专员公署"改为"地区"并正式成为一级地方政权,但在此之前其在机构设置和实际职权就已经与地方政府无异,"实际上已经起了一级政权、组织的作用"。[3] 1978年修改

---

[1] 参见江荣海等:《行署管理》,中国广播电视出版社1995年版,第96页。
[2] 参见江荣海等:《行署管理》,中国广播电视出版社1995年版,第96页。
[3] 中共开封专员公署党组:《关于专署体制讨论的报告》,第1-2页;全综号:33;案卷号22。开封市档案馆藏。转引自翁有为:《从专员区公署制到地区行署制的法制考察》,中国政法大学2006年博士学位论文。

《宪法》，国家机构的设置大体上恢复了1954年《宪法》的规定，作为一级政权的"地区"在宪法上被取消，但在事实上仍然存在，只是名称和性质上进行了变更。① 改弦更张之后，旧有的派出机关职权和机构膨胀的问题再次出现，中央不得不屡次发文强调行政公署派出机关的性质，"地区是省的派出机构，办事机构要力求精干。机构设置和人员编制要坚决贯彻精兵简政的原则，从实际出发，不要强调上下对口，不要强求上下组织形式一致"，② 甚至明确限制行政公署的机构和人员设置，规定"行署可设综合性的处室十个左右""作为名副其实的派出机构，党政群机关人员编制一般不超过三百人"，③ 同时将其职能限定为行政自治，辅助省级政府监督、指导县级政府的行政工作。④

然而，对派出机关性质的强调乃至对其人员和机构的限制都无法改变行政公署在事实上行使政府职能、直接参与行政管理，已几乎成为一级政权的现实。在这种情况下，对机构、人员数量的规定并不能起到限制作用，"几乎没有一个地区的机构设置不超过规定限额，多的设到五十来个，少的也有四十多个，不仅设置了农林水各

---

① 截至1979年，全国共有30个省级行政区、213个市、29个自治州、1个行政区、171个地区、2137个县级行政区。参见中华人民共和国民政部编：《中华人民共和国行政区划简册》，地图出版社1980年版，第1页。

② 《中共中央组织部、国家编制委员会印发〈关于目前党政机关机构编制的一些情况和意见〉的通知》，载劳动人事部政策研究室编：《人事工作文件选编（Ⅵ）》，劳动人事出版社1984年版，第284页。

③ 《中共中央国务院关于地市州党政机关机构改革若干问题的通知》，载http://znzg.xynu.edu.cn/info/1005/2482.htm，最后访问日期：2020年2月29日。

④ 中央文件中地区行署作为派出机关的主要任务为："检查了解所属各县贯彻执行党的路线、方针、政策和决定的情况，总结交流经验；督促检查所属各县完成上级布置的各项工作任务，协调相互关系；接受省、自治区党委的委托，管理一部分干部；完成省、自治区党委和政府交办的其他事项。"参见《中共中央国务院关于地市州党政机关机构改革若干问题的通知》，载http://znzg.xynu.edu.cn/info/1005/2482.htm，最后访问日期：2020年2月29日。

部门，还设置了计划、工业、交通、商业、建设等综合部门和专业管理机构，基本上是省里设什么，地区也设什么，市、州设什么，行署也设什么，上下对口，左右看齐，与一级行政实体几乎没有两样"①。以上文提到的安徽阜阳地区为例，从 1979 年将地区革委会改为行政公署、恢复"派出机关"性质之后就不断调整行政公署机构设置，到 1993 年工作机构多达 52 个，编制数量达到 1600 人。②

可见，精简机构、削减职能的路径也无法解决派出机关组织膨胀的问题。而与此同时进行的"地改市""市领县"的改革，将原来的行政公署辖区划归市领导，实行市、地合并，作为派出机关的行署被撤销。以 1999 年中共中央、国务院《关于地方政府机构改革的意见》为关键节点，地区建制大规模被撤销，保留的行政公署在组织和职权上也都与设区市没有实质差别。③ 通过地区行署与市的合并、"地级市"的创设，不仅在这一层次再次出现了"实级"政府，还改变了宪法中原本的"市""县"关系。围绕行政公署作为派出机关的种种问题似乎最终通过这一建制的逐渐消失得以解决，但由此产生的"地级市"事实上突破了宪法上规定的三级地方行政单位的安排，改变了"市""县"关系，进而产生了新的问题。

（2）"较大的市"的宪法变迁。

目前在我国作为一级地方行政单位的"地级市"是经过市、地合并而形成的。增加行政层级的主要目的在于完善并加强组织间的科层关系，新增一级行政单位的作用也主要体现在行政机关的内部分工上，地方利益与地方自主权并未受到充分关注，以致"市管县"

---

① 钱其智：《改革地区体制 撤销地区建制》，载《中国行政管理》2000 年第 7 期。
② 参见江荣海等：《行署管理》，中国广播电视出版社 1995 年版，第 99 页。
③ 参见苏艺：《我国各级政府派出机关的宪法学研究》，华东政法大学 2017 年博士学位论文。

体制有明显的资源向城市倾斜的倾向。①

现行《宪法》第 30 条专门规定了行政区划制度，除了在形式和内容上都高度简化的 1975 年《宪法》外，1954 年《宪法》和 1978 年《宪法》都规定了行政区域的划分。② 在行政区划上，现行《宪法》基本沿袭了 1954 年《宪法》规定的省（自治区、直辖市）、县（自治州、自治县、市）、乡（民族乡、镇）三级地方行政区域的制度，仅在第 2 款作出例外性规定，"直辖市和较大的市分为区、县"。这一规定为"市下设县"或"市领导县"的行政体制留下空间，"较大的市"概念的外延不断扩张。

回顾其演变历史，可以追溯到新中国成立初期，为解决大城市蔬菜、副食品基地建设问题，出现了个别"市领导县"的现象，③ 1954 年《宪法》划分了三级地方行政区域，市领导县的做法因不符合宪法规定而逐步被取消，到 1957 年全国仅有 3 个市领导 4 个县。④ 除了作为省级单位的直辖市外，市与县都是省以下的地方单位，二者在行政上没有隶属关系，市、县建置的区别主要基于城乡差别。由于省级行政区所辖县级行政区太多，为了便于监督管理，省一级政府设立派出机关负责督导检查所属各县人民政府的工作。

与此同时，1954 年《宪法》规定"直辖市和较大的市分为区"，这是"较大的市"这一概念最早的规范来源。在相当长的时间里"较大的市"与"设区的市"几乎可以等同。如 1954 年的《地方各级人民代表大会和地方各级人民委员会组织法》就把市级地

---

① 参见张千帆：《地方自治的技艺：走向地方建制的理性化》，载《华东政法大学学报》2011 年第 6 期。
② 1954 年《宪法》第 53 条；1978 年《宪法》第 33 条。
③ 参见李振：《"省管县"体制问题研究综述》，载《理论界》2006 年第 11 期。
④ 参见郑磊：《"较大的市"的权限有多大——基于宪法文本的考察》，载《国家行政学院学报》2009 年第 1 期。

方单位直接分为"设区的市"和"不设区的市",并规定了二者在组织和权力上的差别。在最初,两者的区别基于城市规模,对"较大的市"的认定乃至市的建置都主要以人口为依据。① 满足一定聚居人口可以设市,超过一定人口的市可以分区,即市辖区是已经形成的大型城市的一部分,设区主要是出于管理的需要。尽管最初"区"的设立着眼于城市规模,但这一建置也带来了"设区的市"和"不设区的市"在行政级别上的差异。至此,同样作为宪法规定的一级地方单位,市与市之间、市与县之间在整体科层体制的地位上出现了差别,这为后来的"地级市"的产生奠定了基础。

"市领导县"的尝试曾被作为"农业支持工业,农村支持城市"政策的一部分。1958年国务院先后批准北京、天津、上海三市和辽宁省全部实行"市领导县"的体制,1959年全国人民代表大会常务委员会作出《关于直辖市和较大的市可以领导县、自治县的决定》(已失效)。该决定指出实行"市领导县"体制的目的包括"密切城市和农村的经济关系,促进工农业的相互支援,便利劳动力的调配",在计划经济体制下这一举措增强了城市的汲取能力,但与此同时也突破了1954年《宪法》"直辖市和较大的市分为区"的规定。与"市""区"关系不同,"市""县"之间的联系并不是出于城市规模的自然增长,二者在社会经济发展状况上一般都存在明显区别,区域利益上也不尽一致,长期作为不同的地方实体,并一度在宪法上具有平等的法律地位。

自此,"市领导县"的体制被逐步推广、接受,1978年《宪法》

---

① 1955年国务院颁布的《关于设置市、镇建制的决定》,规定市是属于省、自治区、自治州领导的行政单位,聚居人口10万以上的城镇可以设市;人口在20万以上的市,如确有分设区的必要,可以设市辖区。人口在20万以下的市,一般不应设市辖区。

和 1982 年《宪法》相继规定"直辖市和较大的市分为区、县",为"市领导县"体制的继续发展留下了空间。20 世纪 80 年代,"市领导县"体制进一步扩张。其中的重要原因是作为派出机关的地区行政公署的组织和职权都不断膨胀,在事实上已经成为县级政府以上的一级"政府",[①] 但又不具有一级"政府"的法律地位。为此,在"地、市合并"的基础上,"市领导县"体制得到全面推广,并由此产生了"地级市"这一在省、县之间的行政单位。到 2022 年 12 月,我国共有 293 个地级市,在官方的行政区划单位统计中地级市作为与自治州并列的一级行政单位。[②] 在此之下还有 364 个县级市在行政级别上与市辖区、县同列,大部分由地级市代管,少数由省直管。[③] 这些"地级市"并不是从宪法规定的"较大的市"自然发展出的单位,而是对地级派出机关进行改造的产物。

从宪法地位上来看,市、县同样作为宪法规定的第二级地方单位,应该具有平等的法律地位和权利能力。但在其发展过程中,二者之间却因为政府间科层关系的强化而建立起行政隶属关系。"较大的市"这一概念也从强调城市规模转变为强调行政级别。然而,市辖区与县之间虽然有相似的行政级别,但二者与城市的关系不可同日而语。市辖区的设置是出于大型城市分辖区管理的需要,在实践中其管理权限也受到相当的限制,并在重要的市政领域受到市级政府及其工作部门的直接领导。这也能够解释为什么市辖区与部分县、市具有同样的行政级别,甚至同样设立一级地方政权,但其本身却

[①] 参见朱光磊:《当代中国政府过程》,天津人民出版社 2002 年版,第 367-268 页。
[②] 参见中华人民共和国民政部:《中华人民共和国行政区划简册 2018 年》,中国地图出版社 2018 年版,第 1 页。
[③] 参见民政部:《中华人民共和国行政区划统计表》,载 http://xzqh.mca.gov.cn/statistics/2022.html,最后访问时间:2025 年 3 月 27 日。

并不是宪法规定的行政区划中最基本的单位。

总之，宪法中规定的同一级的地方单位在实践中发展成多层级的行政单位，不仅"地级市"变得常规化，甚至还出现了副省级市、县级市等以行政级别为依据的分类。① 不同的行政级别对应不同的权限，是科层体制内部分配任务、进行监督管理的准据，对层级的强调也从侧面反映了科层体制的作用。

（3）派出机关的"政府化"和政府的"派出机关化"。

上文讨论了行政公署的逐步消失和"地级市"的产生所具有的内在关联。发生该转化的背景和直接原因是派出机关在职权和组织上的膨胀，即派出机关在事实上起到了一级政府的作用，② 这种事实上的转化又缺乏法律上的正当性。在我国强调纵向科层关系的行政体制下，派出机关的组织和职权随行政级别的提高而膨胀几乎不可避免。这种转变不仅发生在省一级派出机关上，也出现在作为县一级政府派出机关的区公所上。区公所从膨胀到逐渐撤销的过程同样反映出派出机关与政府的混同。

区公所作为县级政府的派出机关，最早受新中国成立初期小乡制的影响。1951年根据《中央人民政府政务院关于人民民主政权建设工作的指示》全国大部分地区开始划分小乡，由于"平均每个县级行政区域管辖近百个乡，管理幅度过长，鞭长莫及，不便管理"③，区公所在县乡之间承担了管理工作。1954年《地方各级人民代表大会和地方各级人民委员会组织法》第42条第2款规定区公所

---

① 如副省级市，始于中编〔1994〕1号文件，该文件将16个市的行政级别定为副省级，这种做法实际上是沿袭了计划经济时代的计划单列市的政策，赋予这些城市省一级的经济管理权限，本身被认为是国家行政权力下放的形式。

② 参见熊文钊：《行政公署的性质及其法律地位》，载《法学杂志》1985年第6期。

③ 浦善新等：《中国行政区划概论》，知识出版社1995年版，第470页。

作为县人民委员会的派出机关。① 作为派出机关的区公所被认为是"虚级"行政区划，与县、乡两级"实级"行政区划相比缺乏民主基础，因此其行使权力的正当性也受到质疑，在机构上也更加精简。② 随着20世纪50年代以来的农业合作化运动和人民公社运动的发展，乡行政区域扩大乃至成立了范围更大的人民公社，在20世纪50年代末大部分地区就已经撤销了这一层建制。③ 20世纪70年代末至80年代初，随着"撤社建乡"又开始了新一轮的"小乡制"的划分，一年之间全国乡的数量就增加了一倍多。④ 区公所的数量也随之攀升，到1985年年底全国范围内有7908个区公所，与此同时区公所的组织和职权也开始膨胀，一度在编制上超过了乡政府，在职权上也与乡政府相重合。⑤ 从行政上看，区公所作为县级政府的派出机关，执行县级政府交办事项，并指导、监督一定数量乡政府的工作。实践中，其职责职权与县、乡级政府同构，在行政级别上又高于乡级政府，逐步成为乡级政府以上的一般权限的行政管理机构，平添一级管理层次，同时又不具备民主基础。在这种情况下，中共中央、国务院发布《关于加强农村基层政权建设工作的通

---

① 《地方各级人民代表大会和地方各级人民委员会组织法》第42条第2款规定："县人民委员会在必要的时候，经省人民委员会批准，可以设立若干区公所，作为它的派出机关。"

② 根据1950年通过的《区人民政府及区公所组织通则》第12条、第14条规定的"区公所设区长一人，副区长、秘书及助理员若干人，由县人民政府委派之""区公所因工作需要得设各种经常的及临时的委员会"，区公所的人员由县级政府派遣，工作机构的设立也以精简为原则。

③ 参见杨尚东：《建国初期（1949-1954年）行政组织法认识史》，山东人民出版社2013年版，第114页。

④ 1983年全国乡的数量为35514个，到1985年则增长到85290个。参见国家统计局国民经济综合统计司编：《新中国六十年统计资料汇编》，中国统计出版社2010年版，第5页。

⑤ 参见苏艺：《我国各级政府派出机关的宪法学研究》，华东政法大学2017年博士学位论文，第63-64页。

知》，加强乡级政权建设，以提高乡政府的工作效率，减少管理层次为目标，"除边远山区、交通不便的地区以外，县以下一般不要设立区公所"。区公所制度逐渐被消亡，到 2025 年全国仅有两个区公所——河北省涿鹿县赵家蓬区公所与新疆维吾尔自治区奎依巴格区公所，尚未被撤销。

在相当长的时间里，无论是行政公署还是区公所都在事实上行使一级政府的职权。政府和派出机关的差别没有得到充分的重视。无论是区公所的组织和职权从膨胀到撤销的过程还是"地、市合并"将派出机关的职责和职权转移到现存一级地方政权的做法，都仍在强化和完善政府间科层分工关系，宪法中行政区域划分的地方分权意义则被忽视。事实上，宪法对行政区域的划分不仅出于行政分工的目的，还有一定的分权意义。在大多数国家，宪法规定的行政区域都不仅仅是基于地域分配国家行政任务的单元，往往都会与一定的主体观念相联系并构成一级地方单位。

"地方"的概念来自宪法，并在宪法上具有一定的主体性，正是这种主体性使地方政府有别于具有一般权限的派出机关，其最为明显的特征体现在其主体构造上，即宪法规定在"地方"设立人民代表大会和人民政府。其中人民代表大会作为意思表达机关是本地方人民行使国家权力的机关，也是地方意志和利益的表达机关，对地方意志和利益的承认意味着地方自主事权的存在，而对地方自主事权的划分建立在层级独立和区域平等的基础之上。

无论是派出机关的设立和其组织和职权的膨胀还是派出机关向政府的转化都在单方面强调层级控制，通过"上下对口"的部门设置和管理强度的增加来加强科层关系。在此过程中，由于缺乏明确的地方团体观念，不同层级地方的自主事权既没有清晰界定也没有制度保障，被混同于上级政府的委托事权，并进一步加强了中央与地方关系的科层化，以至于地方不断试图通过加强科层关系的方式解决科层制自身的问题。

三、不完全分权：地方主体地位的缺失

（一）地方主体地位缺失的表现及影响

央地关系科层化的另一面即是地方主体地位的削弱，而中央与地方分权的前提正是地方具备主体地位，能够作为权力和责任的承担者。地方主体地位的缺失意味着目前的纵向分权只能是不完全、非制度性的。即使宪法中存在分权理念或分权意图，也需要适当的组织观念和形式加以落实。

无论是在我国的宪法规范中还是宪法实践中，地方的主体地位还有待确认，这主要表现在以下三个方面：首先，在法律规范方面，宪法和法律并没有赋予地方法人资格和团体地位，特别是在对"地方"的界定上仅采取了行政区域的概念，强调其在国家行政方面的意义。我国学理讨论中对行政区域的概念和法律地位较有代表性的观点，也都强调其对国家行政的意义，如"统治者为了管理自己的国家，除了建立全国性的政权组织，还有必要根据有利于统治的原则，把全国的领土多层次地划分成许多区域，即行政区域，并按照这些行政区域建立起从属于中央的各级政权机关，形成完整的地方国家机关体系"[1]；"国家为了便于实行行政管理，按照一定的原则，把国家所管辖的领土划分成区域，并设立相应的地方国家机关，从而实现国家对全国领土的统一管理"[2]；"统治阶级为了便于

---

[1] 许崇德主编：《中国宪法》，中国人民大学出版社1989年版，第237页。
[2] 蔡定剑：《宪法精解》，法律出版社2006年版，第229–230页。

行政管理，根据实现国家权力和执行国家任务的需要，并兼顾地理条件、历史传统、风俗习惯、经济联系、民族分布等实际状况，把国家的领土作层次不同的划分"①。这些定义的共同特征是强调国家行政和地理意义上的划分，即行政区域作为国家的行政区而存在，对其进行划分主要是为了确定国家行政权的地理界限。然而，从行政区域的实际建置来看，它不仅是国家行政任务分配的基本单位，还是人民行使权力的基本单位，行政区域的划分实际上包含了立法权的地方分享甚至司法权的地方分享，并在事实上承担着选区的功能。因此，宪法中的"行政区域"一方面在实质上属于采用多重标准的领土划分，另一方面在规范上又仅具有单一外观，这也使由"行政区域"界定的"地方"既含有某些主体要素，又没有明确、充分的主体地位。

其次，在组织观念上，在现行宪法的观念体系中，机关观念重于主体观念，甚至取代了主体观念。这在以下三个方面有所体现：第一，在《宪法》的结构安排上，将地方制度部分置于"全国人民代表大会""中华人民共和国主席""国务院""中央军事委员会"之后，但并没有采取地方制度、地方团体或地方行政区域的表述，而是直接规定了"地方各级人民代表大会和地方各级人民政府"，即以地方机关的设置回避了地方本身的主体资格和法律地位问题。第二，《宪法》总纲部分在规定中央与地方关系的基本原则时，同样采取了"中央和地方的国家机构职权的划分"这样的表述，构成主体的仍是国家机构，而不是作为主体的国家或地方。第三，尽管"国家""地方"的概念频繁见于《宪法》文本，但都没有被作为公法上的团体概念。前文已讨论了国家的法人化是公法人

---

① 胡锦光、韩大元：《中国宪法》，法律出版社 2018 年版，第 377 页。

概念的起点，但在现行《宪法》对"国家"的表述中，"国家"或者作为一种历史叙事出现，或者作为政治上的共同体出现，并没有被作为公法上的团体，取而代之的是法律对国家机关的规定。

最后，在政治传统和日常观念中，国家行政在纵向上的一体性深入人心，在这种国家一体的预设下，不同层级的政府都隶属于同一主体。这甚至反映在 1954 年制定宪法时期的讨论上，在对《宪法》第三章第三节标题的讨论中毛泽东同志不赞成以"中央人民政府"取代"国务院"作为该节名称，认为"一个国家只有一个政府，我们现在政府多得很，从省到乡都叫政府。中国古代也没有地方政府，叫'布政司'"。[1] 除名称外，在法律上不同层级政府之间领导与被领导、命令与服从的关系也致力于保障"国家"能够作为一个整体对外承担责任。

在地理意义上，国家行政单位和地方单位可能重合，但二者在性质上特别是主体地位上的差别会影响权力行使和分配的逻辑。行政权力在作为国家行政单位的行政区域中的传递是自上而下的，国家分配行政任务，设置权力下放机关，形成行政区域。权力下放机关的设置和调整都是自上而下的，行政区域依附于权力下放机关。同时由于行政机关的行政权力来自中央政府自上而下的授予，其对权力的行使也要遵循自上而下的命令服从原则，同时在命令服从原则下区分行政层级也成为协调行政机关关系、处理国家行政事务的关键。与此相比，权力在作为地方单位的行政区域的形成则是自下而上的，聚居于同一地区的人民自然地形成共同的地方利益，并通过地方人大表达利益、行使权力，并以地方政府作为地方人大的执

---

[1] 参见 1954 年 6 月 11 日，宪法起草委员会第七次全体会议记录。转引自蔡定剑：《宪法精解》，法律出版社 2006 年版，第 371 页。

行机关,即地方的产生先于行政机关的设置。同时由于政府的正当性来自人民的同意、认可,是一种自下而上的建构,因此地方政府要始终保持对人民的回应性,即《宪法》所说的"对人民负责、受人民监督"。

由此可见,法律上地方主体地位的缺失会影响行政上"名""权""责"的分配。具体而言,又有以下几点表现:第一,由地方主体地位缺失引发行政事务上的概括性授权和组织上的职责同构。《宪法》和《地方各级人民代表大会和地方各级人民政府组织法》都没有对"县级以上地方各级人民政府"的职权进行明确区分,而是概括性地规定了地方政府在各自行政区域内的一般管辖权。类似的概括式授权也常见于各种专门性立法,往往意味着"所有层级的政府管所有的事",与之相伴的则是各级行政组织的职责同构,这种职责同构正是以主体的同一性为基础,也意味着不同层级政府的行为及产生的责任都归于国家。

第二,地方主体地位的缺失进一步强化了层级观念,以致地方代议机构都实行多层级的间接管理体制,即人民代表大会以间接选举为主,而这种层级化组织形式有进一步削弱地方主体性的风险。前文已讨论了主体地位实质上是一种公法人资格,而在公法人之间只有种类的区别,没有级别之分。在各国的地方法制中,各类地方公共团体的代议机关都一律由当地住民直接选举产生,而无层级选举问题。地方主体性的缺失与纵向层级关系的加强一体两面,不仅互为条件,还不断互相强化。

第三,在层级化的组织结构中,内部法律规范只是具体的支配手段,严格依法只是上对下的要求,在科层机构中的地位越高受到的实际约束就越少,同时对下级机关的层级约束又容易诱发"惰政"

"急政"。这意味着组织内部命令指挥式的控制一方面是不足的,另一方面又是过度的。

第四,在政治上,地方主体地位的缺失也使其主体责任感难以确立,尤其当自上而下的控制受自身局限而难以充分发挥作用时,就容易出现普遍的、有组织的不负责任的现象。这种政治上的不负责任常常表现为权力或权威的滥用,"滥用"这一表述似乎是说权力和权威本身没有问题,只是偶然失去控制或被不当行使,是一种外在的缺陷。然而当其成为一种普遍现象时,根植于组织机构的主体缺失问题就应该得到重视。

(二) 无法安放的地方事权

尽管地方的主体地位,特别是法律上作为法人团体独立承担责任的地位尚未明确,但地方事权却具有法理和事实上的基础,行政组织结构与地方事权不能充分适应,忽略了地方事权既要受到充分保障又要受到控制的需要。

首先,经过前文对我国行政权力纵向配置的宪法结构的讨论可以看出,现行宪法在基本原则和具体的制度设计上都承认和保障地方事权。但实践中,对事权概念和范围的讨论往往充满争议。通常,事权指的应是政府对公共事务处理的职权与责任。长期以来学界对事权的讨论都集中在政府的"支出责任"上,[①] 有明显的财政学色彩,以财政分配合理化为核心讨论分配原则和标准,并由此反推事权划分。反而较少地从法律关系和权力关系的角度讨论不同层级政府的治理责任,相关法律规范在这方面的规定也较为空洞。

地方事权从权力性质的角度可以被解构为行政事权和立法事

---

① 参见黄韬:《中央与地方事权分配机制——历史、现状及法治化路径》,格致出版社、上海人民出版社2015年版,第6页。

权，这种区分在地方立法权扩权的背景下受到比较多的关注。与此同时，从权力来源上可以将行政事权分为自主事权和委托事权，这种区分在政府间存在科层关系的情况下常被忽视。区分自主事权和委托事权，意味着地方行政本身可以被分为自主行政与委托行政，不同类型的行政对应不同的事权来源，相应地在组织上也应该反映为不同的组织类型和行政隶属关系。

简要而言，对于委托行政，地方政府的权限来自中央政府的授予与委托，二者之间是支配监督关系。地方政府权限的大小可以由中央政府进行弹性调整，其对权限的行使受中央政府合目的性之监督，相应地由中央政府承担主要的财政责任和政治责任。对于自主行政，地方政府的权限直接由宪法和法律授予，不同层级的政府之间主要是对等合作关系。地方自主权虽然仍由国家授予，但其权限划分有法律明文加以保障，同时由地方政府承担主要的财政责任与政治责任，即不同的行政组织结构应对应不同的地方事权类型。

而我国在事权类型的划分和行政组织结构的安排上都明显与制度化的分权存在差距。第一，在事权类型的划分方面，立法事权和行政事权的区分并不明确，大部分的讨论都围绕立法权分配展开，默认行政事权与立法事权的对应从属关系，倾向于根据事务性质作二元划分。而在现代社会，根据事务内在性质确定立法权界限日益困难，大多数事务都既需要在地化的处理又很难说仅具有地域特性，即使是围绕同一事权的某个政策，在其制定和执行过程中，不同层级的政府也往往会在不同阶段介入。第二，对地方事权没有进一步区分自主事权和委托事权，并分别辅之以不同强度的监督机制，以致在不同事务上中央对地方的监督或失之以严或失之以宽。第三，行政组织的设置和结构过于强调科层关系，如行政机关职权的具体划分基本上自上而下由上级机关单方面决定，上下级政府间的领导关系也不加区分地适用于全部行政事务等。第四，与自主行政相对应的民主机制尚不完善。自治权归根结底是对公民民主权利的制度性保障，并以之为正当性基础。相应的，自主行政不仅需要民主机制提供正当性，也需要对外承担民主责任，受到民主监督。

总之，地方事权是从纵向分权这一组织原则衍生出的概念，其建立在将权力赋予或委托给地方团体的基础上。在区分事务性质界定事权之前，首先需要制度性质或组织性质的保障，即地方"自在的"自由要先于"行动的"自由，否则地方事权将始终缺乏依托。

小　结

本章分析了行政上分权关系与分工关系混同在组织结构上的表现。这首先体现为在组织法观念中以意思能力为核心的公法人观念的缺失。"机关主体"取代"法人主体"，放弃了行政主体制度"外部分权，内部一体化，作为整体对外承担责任"的目的，主体自治的意义被忽视。

在权力纵向配置中，"条块体制"对科层分工关系的强调导致了央地关系的科层化。由科层制自身缺陷产生的问题往往仍以通过加强科层关系解决，体现了这一体制的刚性和路径依赖，不同类型的地方事权难以与同构式的行政组织结构相适应。

第四章

法律实施模式选择上的分工与分权

第三章从静态结构的角度出发，分析行政组织建构中由分工与分权混同产生的矛盾。本章则从动态过程视角，分析分工与分权关系混同在法律实施中的表现与影响，既涉及执法权在组织间的分配，也涉及在法律实施过程中的政府间关系。

在我国，"中央立法，地方执行"是最为普遍的法律实施模式，"地方保护"被认为是造成法律实施困境或各种执行偏差的主要原因。然而考察各国的法律实施模式，主要由地方政府执行全国性法律的情况并不少见，同样也没有实证依据表明中央政府执法机构会在法律实施上有更好的表现。本章将分析我国行政法律实施模式的独特之处，指出以权力下放取代制度性分权会给法律实施带来困难。

一、谁来实施法律：动态中的政府间关系

（一）中央与地方在法律实施中的角色选择及其影响因素

从法律实施的角度考察行政，中央与地方在法律实施中的不同角色、互动关系及由此产生的影响没有得到充分关注。事实上，根据中央与地方在法律实施中的不同角色而区分的法律实施模式不仅会塑造中央与地方的关系，也会影响法律实施的效果及行政是否依法、有效、应责。

法律实施模式选择的重要性日益凸显，这主要基于以下两点原因。首先，行政机关并非一个自动依法运行的整体，而是嵌入政治、社会关系之中，受不同利益的影响，有不同的应责对象的组织。中央、地方作为不同的利益主体，具有不同的行为偏好，这会影响行政执法选择与执法效果。美国行政法学家古德诺就曾指出，在立法集中但执行分散或地方化的国家，地方政府会利用执行权力使立法

适应地方的利益与需求。① 同时，从完成行政任务的角度看，不同层级的政府具有各自的比较优势，因此更适于承担某些行政任务。例如：地方政府与地方利益联系更为紧密、对本区域情况更为了解，在信息和人员的利用上更为灵活；而中央政府则在执法人员素质、专业化程度方面更具优势。传统行政法将行政组织抽象为以实现立法目标为目的、具有相似职能的主体，并以类似的原则、程序加以控制，没有重视中央行政与地方行政在利益、能力上的差别及其对行政权行使的影响。但对于"超大规模国家"的治理而言，这种差别的影响尤为明显。②

其次，如前文所述，在行政国家的背景下，行政在法律实施和国家治理中的作用也发生了变化，执行也是一个不断决策的过程，谁来执行法律不再只是从属性问题。在功能上，行政早已不再限于单纯的"执行"，立法对行政的约束力降低，对行政权的定位也不再只是从属性权力。③ 行政在法律实施中的作用不限于"传送带"。传统的分权理论下，行政权是从属性的、消极的"受控权"（controlled power），行政法的传统控制模式也相应地强调立法的明确性，并通过对行政程序和司法审查的设计保障行政机关的行为符合立法指令。④ 随着行政事务日益复杂，出现了大量的概括性立法，行政权开始呈现创制性、积极性、裁量性的特点，以立法为核心的传统控制模式在正当性和有效性上都面临危机。此外，在一些

---

① 参见 [美] 弗兰克·J. 古德诺：《政治与行政：一个对政府的研究》，王元译，复旦大学出版社 2011 年版，第 29-31 页。

② 参见王锡锌：《地方治理的"在地化"与国家治理能力建设》，载《中国法律评论》2016 年第 1 期。

③ 参见石佑启、陈咏梅：《法治视野下行政权力合理配置研究》，人民出版社 2016 年版，第 27-28 页。

④ [美] 理查德·B. 斯图尔特：《美国行政法的重构》，沈岿译，商务印书馆 2011 年版，第 7-10 页。

国家由党派分歧导致的立法僵局和不同形式的民主赤字也使行政在政策形成乃至国家治理中起到越来越重要的作用。① 相应地，与以中央与地方之间的立法分权相比，谁来执行法律会对中央与地方的关系产生实质影响。

谁来实施法律这一问题的实质是执法权和执法责任在不同层级政府间的分配。各国对此问题的处理虽有差异但基本上可以分为两种类型：一种是集中式执法，由中央政府设立的执行机关及其下属机构统一实施全国性法律；另一种是分散式执法，由特定的地方政府负责法律实施。执法权的分配并不与某一种国家结构形式相联系，如同样是联邦制国家，美国主要采取了由联邦政府负责执行联邦法律的集中模式，而德国则采取了主要由各邦负责执行联邦法律的模式。② 同一国家在不同的事务上也可能采取不同的分配模式，具体影响法律实施权纵向配置的因素主要包括以下几个方面。

1. 政治理论方面

不同的行政体制背后往往有不同的理论预设，如美国联邦和各州各自执行相应立法机关制定的法律的做法以传统的二元联邦主义为基础，③ 在立法根据事务影响范围进行分权的前提下，联邦和各州对自身事务分别负责立法并执行，即由联邦机构负责执行联邦法律，各州政府负责执行各州法律。在二元联邦主义的预设下，强迫各州执行联邦法律有侵犯各州自主权之嫌——特别是由各州承担联邦法律的执法成本，违背了责任自负的原则。

---

① See Bulman-Pozen, J., *Executive Federalism Comes to America*, 102 Va. L. Rev. 953, 994-1001 (2016).
② 参见杨利敏：《关于联邦制分权结构的比较研究》，载《北大法律评论》编辑委员会编：《北大法律评论》总第8辑，法律出版社2003年版。
③ 参见张千帆：《从二元到合作——联邦分权模式的发展趋势》，载《环球法律评论》2010年第2期。

如果说二元主权理论影响下，行政分权与立法分权遵循了同样的逻辑，由地方政府负责执行全国性法律则往往建立在主权统一的理论基础上，法律是代表整个国家的代议机构所表达出的意志，其对各级政府的约束无异于对全体公民的约束，因此国会可以将地方政府作为执行机关，直接规定其执法义务，并对执法情况进行监督。

不同的理论预设可能对制度的形成具有解释力，但对制度未来的发展并不具有绝对意义上的约束力，其影响特别是对法律实施效果的影响更不是决定性的。例如，在美国，旨在维护州权的二元联邦主义已经让位于注重联邦和各州在执行上的合作关系的合作联邦主义。不仅各州在很多情况下承担实施联邦法律的职能，也有越来越多的学者认为由各州负责实施联邦法律不仅不会削弱其独立地位，事实上执行上的分权化还有向各州赋权的效果。① 把地方政府作为法律实施机关，虽然有集权化的表象，但往往会产生"自治"的效果，地方政府可以通过其所享有的执行权、实有的拒绝执行权和修正权，使法律的实施适应自身的要求。有研究认为，由于我国地方政府在政策实施中承担主要角色，因而获得与中央政府协商的话语权，并使全国性的政策制定一直是一个增量的过程。②

2. 社会历史条件方面

政治理论之外，各国制度的形成同时受到历史与现实的塑造，不同国家对行政权的配置往往带有基于本国社会历史条件形成的特征。例如，二元联邦制在美国的形成，一是因为在独立前各州已经是具有广泛权力的实体，二是由于在农业社会全国性的行政活

---

① See Hills Jr, R. M., *The Political Economy of Cooperative Federalism: Why State Autonomy Makes Sense and Dual Sovereignty Doesn't*, Mich. L. Rev. 96, 813.
② 参见郑永年：《中国的"行为联邦制"：中央-地方关系的变革与动力》，邱道隆译，东方出版社2013年版，第11页。

动较少，联邦和各州可以在各自事务范围内行使权力。而进入工业社会，全国各地互相依赖程度加强，不仅联邦自身权力日益扩张，联邦政府也需要广泛利用各州的行政权力，以达成行政上的目标，二元联邦制因此逐步让位于合作联邦制。①

在德国，联邦与各邦在立法与行政上的功能性分权萌芽于德意志帝国统一时期，在统一过程中起到主导地位的普鲁士把帝国议会作为推动集权的工具，而各邦则通过保留执行权的方式与之对抗。②这种安排的影响一直延续至今，并发展出与事务分权不同的功能性分权（functional division）。③ 尽管进入20世纪以来德国从政治制度到国家版图都经历了巨大的变迁，各邦地域性的自我意识也被削弱，"联邦享有立法权，各邦行使大部分行政管理权"的传统却延续下来。④

在法国，行政组织中央集权程度较高，主要是受社会历史条件的影响。法国作为大陆国家，常受强敌外患的干扰，因此建立了强大的陆军，并有必要加强国王和中央政府的权力，经过君主时代的发展，中央集权在路易十四时已登峰造极，由代表国王的总督管理地方的司法、财政和警察，不受地方任何机构的控制。⑤ 大革命虽然推翻了君主专制，并一度取消中央集权制、赋予地方自主权力，但

---

① 参见王名扬：《王名扬全集：美国行政法》（上），北京大学出版社2016年版，第61页。

② See Heidenheimer, A. J. & Kommers, D. P., *The Governments of Germany*, Crowell, at 155-156.

③ See Gunlicks, A., *The Länder and German Federalism*, Manchester University Press, at 61.

④ 参见[德]沃尔夫冈·鲁茨欧：《德国政府与政治》，熊炜、王健译，北京大学出版社2010年版，第256页、第269页。

⑤ 参见王名扬：《王名扬全集：英国行政法、比较行政法》，北京大学出版社2016年版，第320页。

仍然难以摆脱历史上形成的中央集权传统的影响，在随后的历史变迁中，中央集权制度反复以不同面貌重现。经过一个多世纪的改革，迄今法国仍然保持着平面的权力下放方式，同时中央政府对地方政府的监督也会采取一些比英美更为严厉的措施。[1]

3. 行政事务性质方面

事务性质是确定权力纵向配置模式的重要标准，不仅在立法权的分配上起到重要作用，也会影响对行政权的配置。地方立法事务与地方行政事务存在相当程度的重合，在中央与地方权限的讨论中甚至不对二者进行区分而统称为地方事务。[2] 一般而言，依照性质由地方立法决定的事务通常也由地方政府执行。但在由中央统一立法的事务上，仍然存在由中央政府直属机构执行和地方政府执行的区别。例如，我国对海关、金融、国税、出入境检疫等行政管理领域实行垂直领导体制，由中央行政系统集中行使权力，而在此之外的大部分行政领域，即使依据《立法法》属于立法保留事项，在行政上也由地方政府负责执行。对这种中央行政与地方行政划分，一般的观点是"必须集中行使的权力应归入中央行政系统，必须分散行使的权力必须归于地方行政系统"[3]。这种观点虽然承认行政事务性质是影响权力行使方式的关键因素，但并没有提供具体的判断标准。

实践中，对事务性质判断往往需要综合考虑，如事务的专业程度、影响范围、所涉行业、规制方式等诸多方面，不同的国家也会有多样化的安排。在我国，实行垂直领导的行政机构主要有：(1) 因其影响范围，需要跨行政区划的宏观调控的机构，如中国人民银行、

---

[1] 参见王名扬：《王名扬全集：英国行政法、比较行政法》，北京大学出版社 2016 年版，第 321 页。
[2] 参见叶必丰：《论地方事务》，载《行政法学研究》2018 年第 1 期。
[3] 张金鉴：《行政学典范》，台北，三民书局 1979 年版，第 123 页。

海关总署、中国民用航空局、国家外汇管理局、国家邮政局；(2) 对行政事务的处理需要高度的专业性、独立性的监管机构，如证监会、国家统计局等；(3) 需要尽量避免地方利益干扰的执法机构，如国家土地督察局、国家矿山安全监察局等。[①] 一般而言，具有宏观调控性质、有较强的专业性和独立性要求、需要并能够独立于地方利益的行政事务更容易被作为"中央行政"，由隶属中央政府的行政机关统一行使权力。而需要分散执法、因地制宜、涉及地方利益需要各方面平衡的事务则被作为"地方行政"，地方政府通常需要更高程度的自主权。

总之，法律实施权在政府间的分配受各种因素的综合影响。尽管任何国家的中央政府或地方政府都会在一定的领域和一定程度上承担执法任务，但从整体上看，法律实施权在中央与地方之间的分配会有所侧重，根据其侧重可以大致分为集中式法律实施模式和分散式法律实施模式。这里讨论的法律实施权的集中行使或分散行使并不与前文讨论的法律上的分权制或集权制等同。后者着眼于政府间的法律关系特别是地方政府的法律地位，是一种静态的性质判断，而法律实施权的分配强调政府间的动态关系，特别是在法律实施过程中具体的监督与合作关系。在集中式法律实施的模式下，隶属于中央政府的职能部门要寻求地方政府的合作；而在分散式法律实施的模式下，地方政府通常也无法规避中央政府的控制与监督。同时，在行政上具体的分权或集权效果也产生于这种动态关系中。下文将分别介绍这两种模式的特征、优势与缺陷，以及不同模式下具体的政府间关系。

[①] 参见张茵：《垂直管理体制的行政法研究》，载《黑龙江省政法管理干部学院学报》2014年第6期。

（二）集中式法律实施模式——以美国为例的讨论

集中式法律实施模式下，中央政府的执行机关负责执行全国性法律，地方政府主要负责执行地方性立法机构在地方性事务上的立法，立法权与行政权的分配基本重合。这种模式以美国对联邦法律的实施为代表，在同一区域内并存联邦和州两套执法机构。采取这种模式的国家可能出于完全不同的考虑，如尊重地方政府的自主性、保障法律实施的统一等，其在客观效果上有以下优势：首先，在责任承担上，中央政府与地方政府各自在其立法权限内承担执法义务，能够清晰地区分各自的责任，便于执行机构就法律执行情况向相应的立法机构应责，并实现立法机构对执行机构的政治控制；其次，依靠中央政府的职能部门执行法律，可以保障法律在全国范围内实施的统一；最后，集中式的法律实施可以尽量回避对下级政府的有效控制问题，避免过于复杂的政府间关系。毕竟对执法的有效控制很大程度上依赖于行政机构内部的科层机制，出于对地方政府自主性的尊重，中央政府无法像控制自身机构一样控制下级政府，而地方政府又恰恰有动力利用执行权使法律的实施适应地区性利益——这往往会导致执法背离立法目的，执法机关的分散很难避免中央与地方关系在控制不足和过度控制之间摇摆。

集中式法律实施模式能够在责任理论上保持清晰一贯，并尽量避免过度依赖地方政府，但在实践中仍然面临很多现实困难，并不得不经常在中央与地方关系上进行调整，以实现双方在行政上的合作。其中最为突出的是，集中式的法律实施会面临中央政府执法机构执法资源有限以及地区差异问题。以美国联邦环境保护署（United States Environmental Protection Agency）为例，美国联邦环境保护署的总部设在华盛顿特区，在全国有10个区域性办公室，这些区域性办公室协调辖下几个州的环境执法，在发现违反法律法规、标准或排污许可证的行为时，美国联邦环境保护署可以下达违法通知书、行政命令，或在内部的审理庭举行聆讯。①美国联邦环境保护署从1970年创设至今规模不断扩张，全职工作人员已经从4000余人增至15000人。②但由于环境治理是一项庞大的系统工程，如仅在污水治理上，主要的排水设施就数以万计，需要进行监测的污染源更以百万计，美国联邦环境保护署从一开始就面临人力和资源的不足而不得不需要与州及地方在执法上进行合作。③同时，由于环境法律实施属于跨业别、跨地域的综合性规制，污染控制往往与土地利用、交通规制、城市规划等地区性事务相联系，如果不能在这些领域得到州与地方政府的配合，也不可能真正达成环境法律的目标。因此，集中式法律实施的模式下，中央政府的执行机关与地方政府的合作方式以及如何在合作中保持利益平衡成为重要议题。

集中式法律实施模式下，中央政府及其执行机关承担了主要的执法责任，但在此过程中地方仍然发挥重要作用。环境领域是合作联邦主义发展的前沿阵地，仍以美国环境法律实施为例，联邦机构与各州的合作主要有两种方式：一是授权各州实施联邦环境法律；二是各州参与规制机构的规则制定（rule-making）。各州与联邦合作的最主要的形式即是授权各州优先执法（primary implementation），其基本形式是：首先由联邦法律和行政命令建立规制框架；之后由各州准备并向负责的联邦规制机构提交本州执行联邦法律的计划

---

① 参见[美] Isaac Cheng：《美国环境执法：一个实践者的角度》，载《法律适用》2014年第4期。

② See https：//www.epa.gov/planandbudget/budget.

③ See Stewart, R. B., *Pyramids of Sacrifice – Problems of Federalism in Mandating State Implementations of National Environmental Policy*, Yale Lj, 86, 1196.

(plans)；如果计划得到批准，则该州获得首先执法的权力（primary implementation authority），并通常会获得联邦资助；如果一个州没有提交本州的计划或者计划未被批准，则仍然由联邦机构负责执法。这种合作模式下，各州不仅能够得到经济上的激励，还可以通过优先执法的安排获得法律实施上的自主权；联邦则通过要求各州提交详细计划对法律实施进行监督，节约联邦机构的执法资源并通过保留批准与审核的权力以应对执行偏差。通过这种方式，各州对实施联邦法律起到了举足轻重的作用，在实践中如果没有各州执法机构的配合，仅仅依靠联邦机构则根本无法完成规制目标。① 联邦机构通过优先执法的安排使州政府成为执行联邦法律的主体，各州政府不仅是联邦项目被动的接收方或代理人，还有利用执法权实现自身目的的动机，在这一过程中，联邦与各州保持一种动态关系。②

各州除了直接承担执法任务，其与联邦机构的合作关系还体现在各州参与联邦规制机构的规则制定。在美国的法律框架内，各州可能通过一系列正式、非正式的咨询影响规制机构的规则制定。其中正式的咨询程序包括：《无附带资金委任法》（Unfunded Mandates Reform Act）要求的咨询程序；关于联邦制的行政命令（the Federalism Order）、特定立法和协议的要求。③《无附带资金委任法》中规定在进行政府间委任（intergovernmental mandates）的情况下联邦规制机构要向州和地方官员进行咨询，对任何给州或地方造成超过1亿美元负担以上的规则都要进行详尽的书面分析，其中包括成本收

---

① See Kramer, L., *Understanding Federalism*, Vand. L. Rev., 47, 1485.
② See Crotty, P. M., *The New Federalism Game: Primacy Implementation of Environmental Policy*, Publius, 17 (2), 53-67.
③ See Seifter, M., *States, Agencies, and Legitimacy*, Vand. L. Rev., 67, 443.

益评估。① 1999 年克林顿总统颁布的关于联邦制的行政命令中规定，对任何可能产生联邦影响（federalism implication）的规制，规制机构都要在其出台的初期阶段咨询州和地方官员。② 其中所谓的联邦影响指的是"对于州或全国性政府与州的关系产生直接的实质性影响，或改变对不同层级政府间权力和责任的分配"③。除了《无附带资金委任法》和行政命令对特定规制要求的咨询程序外，单行立法也可以规定规制机构的咨询义务，如《濒危物种法》（The Endangered Species Act）要求鱼类及野生动物管理局在制定濒危动物名单的过程中要听取并考虑州的意见。④ 类似要求的还有《平价医疗法案》（The Affordable Care Act）。⑤ 这些由法律或行政命令规定的咨询程序要求规制机构在规制政策出台前就考虑各州的利益，并能够产生一定的程序约束作用。在这些正式程序之外还有一系列非正式程序，这些非正式程序虽然对规制机构不产生法律上的约束力但具有成本低、灵活性强的优势，如规制机构与各州组成的工作小组、由各州代表组成的协会都会对规则制定产生影响。⑥

总之，集中式法律实施模式下隶属于中央政府的执法机构统一执行全国性法律，但中央执法机构和地方政府在政策制定和具体执行过程中都存在广泛的合作。中央政府通过财政激励等方式换取地

---

① Unfunded Mandates Reform Act of 1996, 2 U. S. C. § 1534（a）.
② 该行政命令的前身 Executive Order 13083 因为涉及联邦利益同时没有咨询各州意见而遭到强烈反对，随后被总统主动废除，这一行政命令经过了咨询程序，并有利于维护各州的利益。See Nugent, J. D., *Safeguarding Federalism*: *How States Protect their Interests in National Policymaking*, University of Oklahoma Press, at 65.
③ See Exec. Order No. 13, 132, 64 Fed. Reg. 43, 255, at 43, 257-58.
④ The Endangered Species Act, 16 U. S. C. § 1533（i）（2012）.
⑤ See The Affordable Care Act, 42 U. S. C. § 18053（2013）.
⑥ See Seifter, M., *States as Interest Groups in the Administrative Process*, Virginia Law Review, 953-1025.

方政府在执法上的协助,也为地方政府提供参与规则制定的机会。双方的互动和合作是在利益和责任独立的前提下进行的,只在具体事务上存在"委托—代理"关系,而不允许概括式的授权,日常情况下中央政府的执法机构与地方政府之间更不存在领导和隶属关系。同时,尽管州政府作为联邦法律执行者的情况越来越多,甚至在很多情况下都不再以存在财政激励为前提,但州执行联邦法律并不足以说明权力的天平向各州倾斜还是向联邦倾斜,仅显示执法已经成为联邦制发展的重要场域。

(三) 分散式法律实施模式——以德国为例的讨论

分散式法律实施模式下,地方政府承担着法律实施的职能,中央政府只在有限的职责范围内拥有自己的执行机构,德国是这种模式的代表。与集中式法律实施模式下立法权与执行权分配的基本重合相比,德国的行政联邦制在立法和执行之间产生了一种功能性分离,即联邦在立法权方面具有优势,而各邦则拥有大部分的执行权,同时负责执行联邦法律和自身立法机关制定的法律。① 在这种情况下,联邦各部的执行功能非常有限,其主要职能是进行规划与监督。② 相应地,联邦各部的规模也非常有限,以德国联邦环境、自然保护和核安全部为例,该部雇员约1200人,其主要职能是制定环境方面的法案和政策,为技术创新和相关研究提供资助,协调国内各邦的合作以及进行国际合作,面向公众提供参与和交流的机会。③ 环境法律的具体实施主要是各邦的职责。

---

① See Heidenheimer, A. J. & Kommers, D. P., *The Governments of Germany*, Crowell, 153-154.

② See Heidenheimer, A. J. & Kommers, D. P., *The Governments of Germany*, Crowell, 126.

③ See https://www.bmu.de/en/ministry/tasks-and-structure/.

第四章　法律实施模式选择上的分工与分权 | 173

根据《德国基本法》，联邦法律主要由各邦的行政机关负责执行，联邦政府通过自身的行政机关执行法律属于例外情况。在不同情况下，联邦政府对法律执行发挥不同程度的影响，通常联邦对执法意图保持越高程度的影响力，其在法律执行上分担的费用就越高，具体情况见表4-1。

表 4-1　德国联邦法律的执行

事务类型	各邦以自己事务实施联邦法律（《德国基本法》第 84 条）	联邦委托（《德国基本法》第 85 条和第 87 条）	通过联邦行政管理（《德国基本法》第 86 条及以下）	共同任务（《德国基本法》第 91 条 a）
联邦监管权	联邦监管，有关合法性	联邦监管，有关合法性和有效性	通过自己的下属机关来执行	
联邦指导权	无联邦指导权（除了法律所指定的）；联邦的基本管理条例，并报联邦参议院批准	联邦指导权，主要是针对各邦的最高行政机关；联邦政府可就公务员的统一培训予以规定；中级行政机关首长的任命需经联邦政府的同意	广泛的指导权联邦安排组织自己的机关并指定执行人员	联邦借助框架计划予以协作，指导权
费用承担情况	各邦承担管理费用，必要时可以由联邦来承担支付给公民的补助	联邦承担管理费用，各邦要承担公民补助中的一小部分	联邦支付全部费用	联邦和各邦分摊费用

除了《德国基本法》第 86 条、第 87 条规定的外交、联邦财政

等少数由联邦机构自行执法的领域外,① 联邦法律的执法权主要由各邦行使。立法权向联邦倾斜而执法权由各州保留,这是德国联邦制的重要特征。这一特征形成的历史渊源在于普鲁士在德意志帝国统一的过程中起到了主导地位,并把帝国议会作为推动集权的工具,而各邦则通过保留执行权的方式与之对抗。② 这种安排的影响一直延续至今,并发展出与事务分权不同的功能性分权(functional division)。③ 这种由联邦主导立法,各邦主导行政的分权模式也被称为"行政联邦制"(administrative federalism)、"执行—立法联邦制"(executive-legislative federalism)。④

集中式法律实施模式下,中央政府依靠自身执法机关实施法律面对的主要问题是如何实现政府间合作,以在尊重地方自主权的前提下充分利用地方执法资源;分散式法律实施模式下,宪法或法律直接规定了地方政府实施法律的义务,中央政府一般不需要通过激励措施换取其在执法上的合作,但会更多地面对如何实现法律实施

---

① 《德国基本法》第 86 条规定了联邦自行行政管理,"联邦通过自己的行政机关或联邦直属的公法机构和组织执行法律时,除法律另有规定外,联邦政府颁布一般行政规定。除法律另有要求外,联邦政府规定有关行政机关的设立"。《德国基本法》第 87 条规定了三类联邦自行行政事务,包括:(1) 外交事务、联邦财政以及联邦水路等事务由联邦行政及下属中级或低级行政机构予以管理。此外,依据联邦法律,可以设立联邦边防机关和警察问讯、情报、刑事警察的中央机关,为保护宪法和防止联邦地区出现使用暴力或暴力预备性行为而损害德国外交利益,设立从事情报搜集的中央机关。(2) 社会保险经办机构管辖区域跨越一州的,由联邦设立的直属公法机构管理。(3) 为处理联邦立法权限内的事务,也可以根据联邦法律设立独立的联邦高级行政机关和联邦直属的公法机构和组织。而且,如在联邦立法权限内联邦承担新增任务,在紧急情况下,经联邦参议院和联邦议院多数批准,可以设立联邦中级和下级行政机关。

② See Heidenheimer, A. J. & Kommers, D. P., *The Governments of Germany*, Crowell, at 155-156.

③ See Gunlicks, A., *The Länder and German Federalism*, Manchester University Press, at 61.

④ See Merkl, P. H., *Executive-legislative Federalism in West Germany*, American Political Science Review, 53 (3), 732-741.

效果统一的问题。因此，中央与地方在行政分权上的主要议题是通过何种方式对地方政府施加影响，保障法律实施在一定程度上的同质性。对此，《德国基本法》通过第 28 条第 3 项规定的联邦的保障义务，① 以及联邦监督、联邦强制和联邦干涉等机制，实现联邦对各州行政的干预。② 而联邦对各州行政的干预程度取决于行政事务的类别。

具体而言，首先，各邦以自身事务执行联邦法律是最为普遍的情况。《德国基本法》第 83 条第 2 项规定了各邦"如同自身固有的事项"一样实施联邦法律，并在第 84 条规定了联邦监督的权力，但这种监督以合法性监督为限。如果联邦政府认定邦错误执行联邦法律，邦未予改正，联邦参议院根据联邦政府或邦的提议做出决议确认是否违法，不服从联邦参议院决议的，可以向联邦宪法法院提出申诉（《德国基本法》第 84 条第 4 项）。同时，联邦还可以通过制定一般行政规定来限制行政裁量权（《德国基本法》第 84 条第 2 项）。联邦对邦的监督还体现在其知情权上，即可向邦的最高机关派遣专员，得到邦的最高机关或联邦参议院的批准后也可向邦的下属机关派遣专员（《德国基本法》第 84 条第 3 项）。此外，为执行联邦法律，经联邦参议院批准，联邦法律授权联邦政府就特殊情形可发布个别指令。除联邦政府认为情况紧急外，此类指令应向州最高行政机关发布（《德国基本法》第 84 条第 5 项）。

其次，《德国基本法》第 85 条规定了邦受联邦委托执行联邦法律的情况，这种情况介于邦以自身事务执行联邦法律和联邦机构直

---

① 《德国基本法》第 28 条第 3 项规定：联邦保障各州宪法制度符合基本权利以及第 1 款和第 2 款的规定。

② 参见［德］康拉德·黑塞：《联邦德国宪法纲要》，李辉译，商务印书馆 2007 年版，第 206 页。

接行政之间，仍然属于各邦行政，但受联邦干预程度更高。这种委托限于《德国基本法》和联邦法律，如《德国基本法》规定了征兵和民防的联邦法律（《德国基本法》第 87b 条第 2 项），核能相关的联邦法律（《德国基本法》第 87c 条），空中交通管理的联邦法律（《德国基本法》第 87d 条），铁路交通管理的法律（《德国基本法》第 87e 条），联邦水道（《德国基本法》第 89 条第 2 项），联邦高速公路和其他远程联邦公路（《德国基本法》第 90 条第 2 项）在经联邦参议院允许后可委托各邦实施或管理。对于各邦的委托行政，联邦监督的程度从合法性拓展至合理性，具体的监督方式包括：在参议院的同意下制定一般行政规定（《德国基本法》第 85 条第 2 项第 1 句）；对相关公务员和其他公职人员提供统一培训（《德国基本法》第 85 条第 2 项第 2 句）；中级行政机关首长的任命需经联邦政府同意（《德国基本法》第 85 条第 2 项第 3 句）；联邦政府可以向各邦发布指令，除了紧急情况下，以各邦最高行政机关为指令对象（《德国基本法》第 85 条第 3 项）；联邦政府可以要求各邦政府提交报告或向其派遣专员（《德国基本法》第 85 条第 4 项）。

在德国，除了少数联邦行政事项外，各邦在行政权力的配置上具有优势。尽管联邦出于维护一定程度同质性的需求，通过各种法定手段对各邦行政施加影响，但这种影响不能以牺牲各邦的自主性为代价，因此混合行政不被允许。所谓混合行政是指行政组织中，一个联邦行政机关是一个州的行政机关的上级。[①] 同时，联邦依照法律对各邦行政进行的监督和指导也受到各邦权力的平衡，如需要经过联邦参议院的同意，而联邦参议院由各邦指派的代表组

---

① 参见［德］康拉德·黑塞：《联邦德国宪法纲要》，李辉译，商务印书馆 2007 年版，第 197 页。

成，代表受其委托和指令的拘束，这种安排使联邦主义在立法和行政中都得到体现。此外，联邦制定的一般行政规定也通常会经过由联邦官员和各邦官员共同组成的会议或委员会的讨论，在联邦发布指导的同时会为各邦提供参与和回应的机会。①

总之，以德国为代表的分散式法律实施模式下，各邦政府承担法律实施的义务。对各邦政府的执法情况，联邦政府依法享有监督和指导的权力。在整体上，政府间在行政上的关系仍以组织、责任上的独立为前提。联邦政府对法律实施情况监督指导权的强度要依据行政事项的类别而变化，且这一权力的行使并非单方性的，法律为各邦政府提供了参与和平衡的机会。在政策执行之外，各邦政府也参与政策的形成，基于的主要理由是不同利益主体在政策制定阶段的合作有利于减少政策的冲突性，进而降低执行过程中的阻力。因此，与集中式法律实施模式下各州政府参与规制机构的规则制定相比，在分散式法律实施模式下，作为法律实施主体的"地方"，在参与政策形成上更有动力也更具优势。

（四）小结：分权前提下的平衡

比较两种法律实施模式，其最主要的区别在于全国性的执法机构和区域性政府在执法责任上的差别。虽然采取不同模式的国家都会设立专门的、全国性的执法机构，但在集中型法律实施模式下由专门的、全国性的执法机构负责实施法律是普遍性的情况，而在分散型法律实施模式下只有特定事务设立专门机关负责执法。同样，采取不同法律实施模式的国家中区域性政府都会在一定程度上承担法律实施的义务，但在程度和方式上有所不同。在集中型法律

① See Gunlicks, A., *The Länder and German Federalism*, Manchester University Press, at 63-64.

实施模式下，区域性政府与全国性执法机构之间是具体的合作关系，其执法义务来自政府间的委任，通常是协议性的、辅助性的，并会有相应的激励措施。而分散式法律实施模式下，区域性政府的执法义务来自法律的直接规定，并作为主要的法律实施者根据不同事务的性质受到相对严格的监督。总的来看，在法律实施上，前者侧重于政府间的合作关系，后者侧重于政府间的监督关系。

虽然两种法律实施模式在执法责任的分配上各有侧重，但政府间的合作与监督关系都在法律上分权的前提下展开，因此在具体的形式、原则上仍有很多共同点。首先，两种法律实施模式下，执法义务都由法律明确授予特定的机关或某一级政府。其次，政府间的合作、监督关系以组织、法律职责独立为前提。再次，不同的法律实施模式中都力求在政策的制定与实施上实现纵向上的平衡，一方面是在法律的平等实施和充分适应地方差异、利用地方执法资源之间的平衡；另一方面是不同层级政府间在权力和责任上的平衡。最后，为了实现这种平衡，两种法律实施模式都会区分不同的事务、采取不同的激励措施调整政府间的执法责任和监督、合作关系。

通过对两种法律实施模式的比较，可以看出法律实施权的集中行使与分散行使并不决定法律实施的效果。虽然不同模式下的各层级政府在法律实施中的角色不同，但在执法权的分配问题上仍然存在一些共同的原则，其中最重要的是明确性原则和平衡原则。明确性原则主要指法律明确规定其实施主体，由该主体行使主要的执法权力并承担法律实施责任。一般规制性法律都会在其文本中明确规定负责实施的主体，无论是在法律中创制专门的规制机构还是将法律实施权赋予某一级政府，关键在于权责主体的明确。政府间的合作、监督关系也建立在明确原则的基础上，如中央政府对区域性政府法律实施情况的监督权并不能混同于法律实施权、区域性政府受委托执法也不能免除规制机构的法律实施责任。与明确性原则相比，平衡原则要考虑更多层面的问题。首先，特定法律实施主体的权力与责任要实现基本平衡，如在法律授权区域性政府独立实施法律的情况下，中央政府仅就合法性问题进行监督，但其同样不必承担执法责任和相应的支出责任，区域性政府具有相对独立的执法权但同样在政治、行政、财政等层面承担主要责任。其次，在法律实施过程中要平衡区域平等和区域差异。区域平等要求法律实施具有一定的统一性，无论是直接由隶属于中央政府的职能部门负责法律实施的情况下，还是在区域性政府负责法律实施的情况下，中央政府的合法性监督都是为了在一定程度内保持法律实施效果的统一性。而区域差异则要求法律实施能适应不同地区的情况，尊重地方的多样性并充分利用地方执法资源。最后，为了达成这种统一性与多样性的平衡，要在中央与地方之间平衡法律实施权的分配，中央政府职能部门负责法律实施的情况下需要采取各种措施促成区域性政府的配合，区域性政府负责法律实施的情况下也需要中央政府的合法性监督。

二、我国法律实施的模式选择

（一）基本模式：集中型体制下的分散式实施

从整体上看，我国中央政府和地方政府在法律实施中的角色与关系不同于集中式法律实施模式和分散式法律实施模式，表现为集中型体制与分散式实施的结合，行政任务嵌入条块体制。具体而言，我国的法律实施模式有以下几个特点。

第一，在法律的概括式授权下，从中央到地方的各级政府都负有法律实施的职责。在大部分领域，立法都会专门规定法律实施的主体，通常包括国务院职能部门和地方各级政府及其职能部门。[①] 法律对实施权的配置是概括性的、模糊的，具体的行政任务往往通过行政法规、规章和规范性文件分配。将实施法律的职权概括式地授予不同层级的政府，这是我国法律实施模式的主要特征，这也意味着在法律实施上不同层级政府的职权和职责会发生一定程度的重合。

第二，在实践中，法律实施呈现分散特征，在大部分行政事务上，地方各级政府是实际的决策者和主要的执行者，行政任务逐步下沉。这也体现在国务院的职能部门的规模和定位上。从1988年开始，国务院职能部门的组织、规模和职能主要由各部门的"三定"（定职能、定机构、定人员编制）方案确定。从各部门的"三定"方案来看，国务院主要职能部门的任务都以协调、指导、监督、规则制定为主，具体的法律实施主要由地方政府及其职能部门承担。以生态环境部为例，根据2018年发布的"三定"方案，生态环境部机关行政编制478人，在此之外单列的6个直属督察局行政编制240人，其组织规模就反映了中央政府部门不可能成为日常执法的主体。

第三，我国分散式法律实施的前提是集中型的行政体制，不同层级政府间的科层关系是选择分散式实施模式的重要原因，这种关系始终保持对法律实施的影响。前文已经对我国行政组织结构中分工与分权混同的特征进行了介绍，地方政府作为国家行政机关有作为中央政府和上级政府执行机关的一面，在科层关系中自上而下的

[①] 如《环境保护法》第10条第1款规定，"国务院环境保护主管部门，对全国环境保护工作实施统一监督管理；县级以上地方人民政府环境保护主管部门，对本行政区域环境保护工作实施统一监督管理"；《大气污染防治法》第5条第1款规定，"县级以上人民政府生态环境主管部门对大气污染防治实施统一监督管理"；《药品管理法》第8条规定："国务院药品监督管理部门主管全国药品监督管理工作……"第9条规定："县级以上地方人民政府对本行政区域内的药品监督管理工作负责……"

监督不需要法律的明确授权,且监督不仅基于合法性也基于合理性。所以,我国的法律实施模式不仅具有分散式法律实施模式下主要由地方承担执法职责的一面,也有集中式法律实施模式下通过中央行政机关负责执法的特征。这种混合特征主要源于前文讨论过的地方政府的双重角色,实践中执法效果在分散和集中的天平上向哪方倾斜则取决于政府间科层关系和分权关系的动态变化。

第四,我国独特的法律实施模式在组织上对应的则是混合行政的形式。混合行政主要指中央政府部门与地方政府部门在组织上具有领导关系,组织上的混合便于中央对地方、上级对下级的控制,但也可能会模糊对外责任,并带来权力过度分割的问题。这种组织形式在我国被形象地称为条块体制,法律实施则体现为行政任务嵌入条块体制之中。

（二）组织基础:"条""块"间的混合行政

所谓"条""块",是一种形象的说法,这种说法出自毛泽东同志,随后成为中国政治生活中一个约定俗成的概念。1956年在听取国务院第三办公室汇报工作时,毛泽东同志说:"我去年出去了几趟,跟地方同志谈话。他们流露不满,总觉得中央束缚了他们,地方同中央有些矛盾,若干事情不放手让他们管。他们是块块,你们是条条,你们无数条条往下达,而且规格不一,也不通知他们。他们的若干要求,你们也不批准,约束了他们。"[1] 条块体制对法律实施模式的影响体现在层级制和职能制的结合中不仅考虑行政任务的分配,本身就蕴含了自上而下的控制关系,尽管呈现出分散的特征,但在本质上是一种集中体制。

---

[1] 中共中央文献研究室编:《毛泽东年谱（一九四九——一九七六）》（第2卷）,中央文献出版社2013年版,第528页。

首先，以行政区域为基础的层级制把行政任务分配到不同层级的地方政府，地方政府作为国家行政机关执行行政任务，是国家行政的一部分。这种层级制与前文提及的德国法上的层次行政有明显区别。层次行政以组织间的独立自主为前提，能够达到行政一体化的效果。之所以强调行政体的多元与独立自主，是为了应对现代社会错综复杂的任务及利益结构，持续地、固定地与各专业领域的利益主体相接触，并获取管制所需的前提认识。在层次行政下，与中央管制机构相比，由地方政府负责执行法律也能够与法治国原则和民主原则相契合。

其次，职能制本意指按照专业化原则设立职能系统，是公共事务日益复杂化、政府职能扩张的结果，属于各国行政领域普遍存在的现象。组织上的专业化可见于各国行政——"现代政府职能并没有施加于作为整体的行政机关，而是属于部长、官员和各种当局组成的异质集合体"①，即行政权分散在不同的部门中。不同政府体制中，承担行政职能的机关在行政组织中的形式、地位与其所负担的责任不尽相同。一般而言，行政机关可能作为政府部门存在，与本级政府的关系犹如耳目手足与人的关系，也可能作为独立的管制机构，由制定法创设并授予具体职权，并具有独立的法人地位。

职能制的意义在于根据事务性质区分部门权限，是对行政事项在横向上的区分，但我国行政体制下职能制通过与层级制的结合承担了纵向控权的功能。在我国的条块体制下，职能部门与本级政府的关系有别于以上提到的两种情况，除了部分实行垂直领导的行政机关作为中央政府的组成部门，在行政组织、科层关系和责任制上

---

① ［德］特伦斯·丹提斯、阿兰·佩兹：《宪制中的行政机关——结构、自治与内部控制》，刘刚等译，高等教育出版社 2006 年版，第 27 页。

以较为简单的形式存在以外，各级政府的职能部门不仅是本级政府的机关，还是整个职能系统的一部分。"条条"的代称不仅体现了对行政横向进行事务性的划分，也体现了职能系统的纵向结构，其本身承担了自上而下的控权功能。这种控制表现在职能系统与地方政府的关系上：一是职能部门的设立和划分属于国务院职权，[①] 地方政府没有独立的行政组织权，省级人民政府工作部门的设立、增加、减少和合并要经国务院批准，县、市一级人民政府工作部门的设立、增加、减少和合并要经过上一级人民政府批准。二是地方政府对所属工作部门的领导受到相应主管部门的制约，大部分职能部门受双重领导。三是在"双重领导"的体制下，不同层级间的政府在组织上形成同构，更加便于职能制下通过部门的监督管理，但这并不符合行政一体原则，承担职能的行政机关不仅是本级政府的"器官"，也是职能系统的一部分，组织上的依赖会对执法以及后续的责任判断产生影响。

我国在法律实施权的分配上兼具集中和分散特征，这是行政任务嵌入条块体制的结果。行政组织的条块结构使不同层级的职能部门和政府呈现混合型关系，这又以中央与地方的代理关系为前提，是为了弥补单纯层级制下"委托—代理"链条过长导致的失控。条块结构承担了调整中央与地方关系的任务。然而，在条块体制的制度惯性下，行政任务的特征以及地域差异没有得到足够的重视。事实上，不同行政领域规范的着眼点有明显的区别，如警察行政法以公民与行政机关之间的个别关系为出发点，行政任务上呈现点状干预的特征，而环境行政法则采取主导式的管制策略，在行政任务

[①] 《宪法》第89条第4项规定："统一领导全国地方各级国家行政机关的工作，规定中央和省、自治区、直辖市的国家行政机关的职权的具体划分。"

上强调计划性形成。① 行政组织的设置应考虑不同行政任务的特点，不同地域在行政任务的分配与承担上也有明显区别。基于地域产生的多样性使行政任务不可能在全国范围内均等分配，这种差别同样应反映到行政组织的安排上。在条块体制下，地方的行政组织权受到限制，机构的设置与行政编制的确定都要经上级政府批准，需向同级人大常委会备案，即地方的国家权力机关无权决定地方政府行政机构的设立、撤销或者变更等事宜。同时出于监督和控制的需要，在机构设置上"上下对口"属于普遍现象。对于完成行政任务而言，这种设置可能同时导致"不足"和"冗余"。

（三）制度环境：形成条件与缺陷

我国的法律实施之所以形成这种混合型的模式，主要原因在于各级政府间具有明显的科层关系，下级政府作为上级政府的执行机关，政府间的法律实施责任并不通过法律明确区分。这一模式在理论上受到对单一制内涵传统理解的影响，在制度上得到地方政府作为国家行政机关定位的保障，在实际运行中则出于大国治理的需要。

前文已经提及我国宪法学理论对单一制的诠释强调"统一的国家机构体系"以及地方政府作为地方国家行政机关所体现的科层分工关系，在此不再赘述，下文仅指出国家治理需要对这一法律实施模式的影响。我国法律实施中面对的一个基本问题是如何将统一的法律适用于具有巨大差异的不同区域并实现效率与公平、适应性与统一性的平衡。中国作为一个单一制大国在治理上具有独特之处，拥有较大面积的领土、接近世界四分之一的人口，虽存在地区差异，却采取并始终保持了单一制的国家结构形式。单一制下的大

---

① 《地方各级人民政府机构设置和编制管理条例》第9条。

规模治理面对以下两个层面的问题：一是规模增加了规制的复杂性。在法律与政策的制定上，为了适应不同地区的不同情况，来自中央的法律和政策须保持一定的原则性和框架性，以至于在事实上全国性的政策制定一直是一个增量的过程，地方政策的制定可能在一定程度上出现对中央政策的偏离。二是在法律实施上，大规模的治理不仅使中央政府直接行政的成本激增，也为中央对地方实施法律情况的监督增加了困难。

在这种情况下，由地方政府负责实施法律的模式通过赋予地方政府法律实施权，使其在政策形成和执行上都获得了较大程度的自主权，并期望达到充分利用地方执法资源、因地制宜、提高执行效率的目的。同时，由于不同层级政府间保持"命令—服从"的科层关系，各级地方政府在事实上获得的自主权始终受到集中体制的约束，但这种约束是行政性的，并不基于法律授权而是基于政府间的行政关系。中央政府通过维护政府间的科层关系影响地方政府的行动，在全国范围内使法律实施保持一定程度的统一性。

在理想的情况下，分散式实施与集中体制的结合能够兼顾地区差异和法律实施效果的统一，然而实践中并非总能达到预期效果，甚至有可能造成效率与公平的双重损失。首先，不同层级政府间保持科层关系，在法律实施中会遭遇科层组织常见的管理层次不断增加、效率降低、目标置换等问题，这些频繁发生的问题使集中体制难以真正达到集中的效果。其次，集中体制也会面对民主正当性的压力，由于过于强调下级政府作为上级政府执行机关的角色，内部的科层责任可能取代外部的回应性责任。最后，政府间的科层分工不同于法律上明确的分权，在法律对各级政府概括性授权的情况下，难以明确最终的实施责任归属。

三、法律实施困境：问题与形成

（一）作为理论问题的法律实施困境：寻找结构性原因

所谓法律实施困境，指的是导致立法目标落空的执行偏差、执行失败、不执行等一系列活动。这些活动既涉及在个案中适用法律的执行，也涉及通过为实施法律而制定政策的执行，即此处的执行是广义上的执行。长期以来，法律实施没有得到研究者的关注，法律一经出台即应得到执行被视为理所当然，执行的失败也仅仅被视为事实问题。直到20世纪70年代政策执行研究兴起，[①] 政策目标的设定和为实现这些目标而采取的行动之间的互动过程才受到研究者的重视，并试图从理论上寻求解释。法律实施在本质上属于政策执行，纸面上的法律与现实中的法律之间存在的差距往往具有复杂的成因，不宜一并作为事实性问题并单纯强调加强执法。故而本书所讨论的法律实施困境区别于作为事实性问题的执法不力，主要受以下三项条件的限制。首先，存在结构性原因导致法律实施过程中立法目的落空；其次，能够在理论上对这些原因进行抽象化；最后，这些抽象化的结构性原因受到我国法律实施模式的影响。

一般而言，不同领域的法律实施面临的具体问题纷繁复杂、差异性较大，理论研究需要对这些多样的因素进行抽象化处理。对于法律实施困境的形成，传统的政策执行研究一般会从法律或政策清晰程度或"委托—代理"关系的角度进行解释。马兹曼尼亚

[①] 1973年普雷斯曼（Jeffrey Pressman）和韦达夫斯基（Aaron Wildavsky）在政策执行领域的开山之作，通过对联邦政府创造就业项目的执行进行追踪，以执行亏空解释政策失败，对执行的研究才开始兴起。See Pressman, J. & Wildavsky, A., *How Great Expectations in Washington are Dashed in Oakland, or Why it's Amazing that Federal Programs Work at all*, Berkeley, CA: University of California.

（Daniel A. Mazmanian）和萨巴蒂尔（Paul A. Sabatier）对政策执行的研究将影响执行效果的变量分为三类，包括问题的可控程度（the tractability of the problem）、法律控制执行过程的能力、政治因素对实现立法目的的影响。[1] 在这些影响因素中，第一类和第三类常常在立法者和执行者控制之外，第二类与法律实施过程相关的因素就尤为关键，具体包括目标的清晰和连续性；立法目标和手段符合因果理论；足够的财政资源分配；执行机构内部的融合程度；有利的决策规则，如举证责任、证据规则等；执行官员的任务分配；外部利益相关者的参与机会等。从法学视角对执行的考察一般也从这个角度出发。

我国法学研究对法律实施困境的关注仍在起步阶段，在目前的行政体制下，法律实施困境通常被等同于地方政府的执法困境，多从行政权力分配与控制角度进行讨论和批评，例如：对地方行政执法权缺乏控制，以致地方政府追求其他目标而忽视执法任务；行政执法权不足，需要补充性执法机制；缺乏事务性分权，权责配置模糊不清；权力过度分割，以致行政任务碎片化。无论是解释性研究还是对策性研究都倾向于从中央与地方的控制关系着眼，得到的结论往往大相径庭。法律实施困境当然不是单一原因所致，对其描述通常是多元的，但这些广受认可的原因是矛盾的，以至于提出的相应对策中也存在矛盾——进一步收权、进一步授权、进行权力整合、进行事务分权，实践中行政权力在"收""授""分""合"之间反复调整。

---

[1] See Mazmanian, D. A. & Sabatier, P. A., *Implementation and Public Policy*, Scott Foresman, 1983, p. 21.

(二) 分权与分工冲突视角下的法律实施困境：控制关系以外

央地关系视角下的法律实施困境通常关注控制关系，如通常所说的"一抓就死，一放就乱"，即是指对执行权控制不足和控制过度的问题并存。单纯从中央与地方之间的控制关系着眼很难提供恰当的解释，这一看似矛盾的特征很大程度上源于我国混合型的法律实施模式，以及不同类型的法律政策与这种模式的适应性。对中央和地方之间权限划分缺乏类型化的区分和明确的原则很容易陷入加强控制与放松控制的循环中。在单一的分工关系中强调自上而下的控制问题，而在分工与分权并存的情况下，单纯的控制视角是不充分的。

通常法律实施被视为一个线性过程，立法意图的贯彻程度是衡量执法成功与否的标准。在我国混合型法律实施模式下，不同层级的政府都负有执法职责，各级政府事实上兼具政策形成和执行的功能，并在纵向上逐级形成委托代理的关系。在行政机关职能侧重方面，政策形成与监督功能自上而下逐步降低，执行任务则逐步增加。这一模式能够适应自上而下的线性控制，但对"执行"做了过于简单化的假设，因此在实践中面临以下问题的挑战。

首先，自上而下分配与监督的有效性依赖于目标的明确、清晰，但并非所有的立法和政策都有明确清晰的目标，由于法律概念本身的多义性、规制事务的复杂性，框架性立法大量出现。立法中的模糊性不仅是执行面对的现实，其意义也逐渐受到肯定。[1] 当立法意图具有较高程度的模糊性，法律实施的效果也就很难以立法意图

---

[1] See Baier, V. E., March, J. G. & Saetren, H., *Implementation and Ambiguity*, Scandinavian Journal of Management Studies, 2 (3-4), 197-212; Berman, P., The study of macro and micro implementation of social policy.

的贯彻程度来衡量。其次，实践中的执行也不是一个将目标转化为现实的机械过程，而是一个不断改进的过程，在此过程中，随着知识的积累、信息的反馈，执行目标可能发生变化。① 最后，对法律的执行往往并不仅以委托代理关系为基础，执行过程中不同参与者的主体地位和利益应该得到重视和承认，并且应该在不同参与者的关系中理解执法主体的行为逻辑。作为执法者的地方政府并不总是上级政府或中央政府的代理人。

以上讨论的影响因素为强调线性关系的法律实施模式带来了挑战，法律与政策是否适应地方环境与地方需要同样重要。前文提到的从中央与地方控制关系角度出发研究，单纯强调控制执行权，无论是得出控制不足还是过度控制的结论都过于单一，并不能解释法律实施的主要问题与问题的形成原因。同时，影响法律实施效果的因素也不限于执行过程中不同层级政府的命令服从关系，政策类型的特点以及其与法律实施模式的适应性都会对法律实施效果产生影响。

根据马特兰德的"模糊—冲突"模型，② 只有模糊性和冲突性都很低的政策，才能通过提供充分的资源来保证执行结果，即这类政策能得到预期的行政执行。政策的模糊性和政策目标与执行者之间的冲突性会引发不同的执行模式，马特兰德在一般的行政执行模式之外又提出政治性执行、实验式执行、象征性执行三种执行模式来解释不同类型政策的执行效果。

---

① 贝尔曼（Berman）提出适应性执行（adaptive implementation）的概念，认为政策执行过程中应该允许执行者做出调整和变通。See Berman, P., *Designing Implementation to Match Policy Situation: A Contingency Analysis of Programmed and Adaptive Implementation*. Rand.

② See Matland, R. E., *Synthesizing the Implementation Literature: The Ambiguity-conflict Model of Policy Implementation*, Journal of public administration research and theory, 5 (2), 145-174.

其中，模糊性低、冲突性高的政策往往得到政治执行，这种政策有明确的目标和手段，但因为面对利益冲突，是否能取得成功往往取决于政策制定者是否有足够的权力推行政策。在我国，某些目标明确、能够被量化的政策即使面对较大的阻力和差异化的情境还是可以在集中体制的层层压力下取得较好的执行效果。① 冲突性低但模糊性高的政策则对应实验式执行模式，这往往属于价值上有共识、手段上不确定的政策，对这类政策的执行效果取决于具体情境，在我国很多领域的地方变通与试验都属于对政策的实验式执行。高模糊性和高冲突性的政策往往只能得到象征性执行，尽管通过采用模糊性语言便于利益相关者做出不同的解读以缓解冲突性，但仍然会有很多法律政策带来的利益分歧难以通过模糊化的方式化解。对于这类政策，执行者往往会选择象征性执行，实际的执行效果取决于地方层面的联合效果。虽然这类政策的执行未必能取得预期效果，但决策者可以通过制定这种政策以强调某种价值、原则或目标。

政策的"模糊—冲突"模型为解释法律实施困境提供了线性控制以外的角度，指出了政策特征对执行的影响。在中央立法、地方执行的分散式实施模式下，有必要依据不同的事务特征和政策类型调整政府间关系，否则很容易陷入以政治执行和象征性执行为代表的法律实施困境。

（三）来自法律实施模式的影响

虽然立法和政策中的模糊性和冲突性在一定程度上几乎难以避免，但在我国集中体制与分散式实施相结合的法律实施模式下，法

---

① 参见周雪光：《权威体制与有效治理：当代中国国家治理的制度逻辑》，载《开放时代》2011年第10期。

律或政策的模糊性与冲突性问题常常被放大,下面讨论的即是我国法律实施模式与高模糊性、高冲突性政策的关系,以及其对法律实施困境形成的影响。

政策执行研究对模糊性的定义包括目标的模糊性和手段的模糊性两个方面,[①] 我国的法律实施模式会对这两方面产生影响。其中,中央立法、地方执行的基本分工使宜粗不宜细的立法策略成为必要,通过政策目标上的模糊性可以使法律尽可能适应不同地区的需要、消解区域差异带来的冲突,但这可能会为执行失败或执行偏差埋下隐患。而手段上的模糊性则首先体现在条块体制下责任分工的不明确,如纵向上不同层级的政府同时具有层级监督和对外执法的责任,职责的最终归属在法律上并不明确;在横向上为实现对口监督而在职能部门设置上的分割也使职责有碎片化倾向。总之,尽管法律与政策几乎难以避免一定程度的模糊性,但由我国法律实施模式带来的高模糊性特征仍然值得重视。

冲突性的产生是源于法律与政策的执行涉及了不同组织,当这些组织间产生观点或利益上的分歧时,政策冲突也就随之产生。我国集中体制强调组织的同一性,各级政府都是国家行政机关,对法律的实施都作为国家行政的一部分。但组织规模过大就会超过有效管理的实际能力,所以国家行政机关在事实上被划分为"条""块","条""块"都是各具自身利益的组织,并各自承担法律实施任务。"条""块"之间在政策偏好和目标上较难形成完全一致,在执行过程中会展现出冲突的特征。这种冲突既体现在地方政府面对不同目标时的选择上,也体现在职能部门间的职能交叉和冲突上。

[①] See Matland, R. E., *Synthesizing the Implementation Literature: The Ambiguity-conflict Model of Policy Implementation*, Journal of public administration research and theory, 5 (2), 145–174.

根据"模糊—冲突"模型，政策的模糊性和冲突性会给执行造成困难，甚至引发"政治性执行""象征性执行"。特定法律实施模式可能放大政策模糊性与冲突性问题，影响法律政策落地效果。

小　结

本章讨论的是法律实施过程中的政府间关系，包括法律实施权在政府间的分配方式以及不同法律实施模式下的合作、监督关系。与组织结构的相对稳定相比，法律实施是一个动态的过程。法律实施过程中的政府间关系呈现出更加多样且不断变化的面貌，也会依据其组织基础在行为上形成较为稳定的规律。对法律实施过程的研究能够更好地展现行政权力如何运作以及组织结构对行政权力的影响。

本章主要从执法权分配和政府间的合作监督关系两方面考察法律实施过程，并分析了集中式法律实施模式与分散式法律实施模式在责任分配、政府间关系上的特征，认为两种模式都以法律上明确分权为前提，通过不同的方式在法律实施的过程中实现一种动态平衡。我国的法律实施模式既不同于集中式法律实施模式，也不同于分散式法律实施模式，表现为集中体制下的分散式实施。在法律对各级政府的概括性授权下，行政任务下沉，同时通过保持上下级政府间的"命令—服从"关系对法律实施的合法性与合理性进行监督。这种法律实施模式基本上与行政集权制下的权力下放相契合，权力下放与对下放权力的监督都主要通过行政机制，这与执法权在法律上的明确分配存在冲突。

在强调政府间科层关系的视角下，法律实施被视为一个线性过程，实施结果是否与上级的权威决定相一致被作为考察标准，受这一视角的局限，自上而下的控制不足或过度控制被作为法律实施困境的主要原因。局限于控制关系的视角并不能对这种现象提供解释。

第五章

碎片化行政：以环境执法为例的讨论

本章以环境执法为例，具体讨论我国行政权力纵向配置的特征和影响。之所以以环境执法为例，是因为环境规制既有明显的在地属性，又有跨地区、跨类别的特征，是典型的中央与地方共享事权，对环境行政权归属及分配问题的讨论有较大的空间。此外，受到环境问题以及环境法律特征的影响，不同的环境行政权分配模式也会对法律实施的实际效果产生较为关键的影响。同时，环境规制正式成为行政任务的历史较短，环境行政管理体制的建构通常会受到固有行政体制的塑造，即环境执法权的分配往往能比较典型地反映出一国行政权力纵向配置在整体上的特征。

具体到我国的环境行政，一个广受关注的现象是我国作为一个单一制、有中央集权传统的国家，早期形成了权力在不同部门、不同层级都较为分散的环境行政管理体制。与此同时，环境执法权的碎片化、地方化又一直被作为环境法律实施不畅的原因。对此，本章试图回答两个问题：首先，为什么在我国形成了权力较为分散的环境行政管理体制；其次，环境执法权的碎片化、地方化以及相伴随的环境法律实施困境与环境执法权分配模式是什么关系。通过对这两个问题的讨论，本章将展现我国行政权力纵向配置中不完全分权特征在环境执法上的具体表现以及这一特征对组织结构和法律实施的影响。在具体分析我国环境行政组织结构和环境法律实施问题之前，首先，分析环境问题及环境行政的特征以及这些特征与环境行政权纵向配置的关系。其次，具体分析我国环境行政体制，从环境行政组织的建构和环境行政任务的分配两个层面展现集中制与碎片化并存的特征，并指出碎片化并非地方分权的结果，而是集权制下权力下放的产物。最后，展现象征性执行与政治执行的转化及其所体现的法律实施困境。

一、环境问题特征与环境行政权纵向配置

（一）从执法中心到规制中心：为什么行政权纵向配置问题对环境行政尤为重要

环境行政是为了解决环境问题，环境行政的特点在相当程度上由环境问题的特点塑造。从环境保护成为行政任务伊始，环境行政就带有明显的问题应对特征。

与一般的行政执法相比，环境行政具有高密度事前管控的特征，近似于一种"无时不在场"的监管，这为"传送带式"的事后执法造成了困难。环境行政需要从执法中心转型到规制中心，而在规制中心主义下治理结构问题会变得更加重要。[①] 在传统行政领域，执法往往强调事后惩戒以及由此产生的威慑作用，威慑作用的发挥依赖于事前法律的完备和事后惩戒的力度，通过惩戒使违法成本大于违法收益，就能够起到一般预防的作用。而在环境领域，危害行为与事后的责任链条往往并不清晰且这类危害行为通常是生产活动的附随性后果。单纯的事后惩戒模式或者面临证明上的困难都可能难以起到充分的威慑作用。事后的惩戒如果强度不足自然达不到预防作用，如果惩罚过重，潜在的惩罚者考虑不同程度的损害，还可能选择更严重的损害。例如，在环境执法中，如果仅仅对释放少量污染物的企业实施足以让其破产的惩罚，那么，其他企业很可能选择释放大量的污染物以降低自己的排污成本，威慑作用最

[①] 参见胡苑：《环境法律"传送带"模式的阻滞效应及其化解》，载《政治与法律》2019年第5期。

终依赖于持久的监控。①

环境问题的特征要求从事后惩戒走向全过程的规制,当然这种全过程的规制并不是完全要求"为了通过预防来控制驾驶行为,执法人员必须与司机并驾齐驱;为了防止人们肆无忌惮地追赶公共汽车或以危险的方式烧烤,执法人员必须出现在公共汽车站周围和人们的后院中"②,而是强调规制与一般事后执法相比所具有的主动性、持续性的特征。同时,这也意味着对规制者充分授权的必要性。规制者行使的规制权不仅有实现立法目标的执行属性,还有选择路径、手段的决策特征。规制权的决策特征说明规制是一个利益分配过程,谁来行使规制权也就显得尤为重要。

在此之外,环境行政还面临法律不完备带来的裁量问题,这更使环境行政权不可能仅作为从属性、受控性的权力。尽管裁量问题在各个行政领域广泛存在,但通常秩序行政下的裁量问题以如何将抽象法律适用于具体事实为核心,这很难与由环境问题造成的巨大的行政裁量空间相比。由科学上的不确定性带来的框架性立法不仅使行政规制成为比司法更为重要的法律实施机制,也赋予规制者更大的裁量权,使通常情况下对行政权的外部约束机制不再充分。

具体而言,环境问题的特征之一即其在问题成因和解决方式上都充满不确定性,处于不断试错的过程,这种不确定性也深刻地塑造了环境法律和政策。由于科学知识对某一环境问题的因果关系和影响难以有清晰、准确的定论,立法者难以通过最优的法律设计解

---

① 参见杨晓维、张云辉:《从威慑到最优执法理论:经济学的视角》,载《南京社会科学》2010年第12期。

② Shavell, S., *The Optimal Structure of Law Enforcement*, The Journal of Law and Economics, 36 (1, Part 2), 255-287.

决问题。模糊性和框架性的特征内在于环境法律与环境政策，这一特征进而影响法律实施机制的选择。行政规制因更具灵活性、专业性成为比侵权诉讼等私法方式更有效的法律实施机制。但灵活性、专业性的要求同样使以合法性审查为核心的约束机制不再充分，对规制权的控制有赖于规制过程的多元参与、规制主体之间的关系与结构。

以上特征都说明执行者会获得决策的权力，谁来行使权力也就变得尤为重要，执行主体的选择及相互之间的关系会直接影响法律实施效果。同时，环境规制作为一种功能本位的规制，往往不受特定业别和地域的限制，是一种跨地域和跨业别的规制，因此权限分配与协调问题也会更复杂。[①] 正是出于以上原因，环境行政领域成为讨论权力配置问题的前沿阵地，下文将通过对环境集权与环境分权主张的梳理，对不同主体行使环境行政权的优势与劣势加以总结。

(二) 环境集权与环境分权的讨论：多层次规制体系的必要性

环境规制的需要是伴随大规模的工业生产和污染而产生的，从其伊始就伴随了在环境保护上进行行政集权的主张，这与环境损害影响的外溢性、环境规制手段的技术性、环境利益与其他利益的冲突等问题相关。从历史发展上看，在大规模的环境立法和系统的环境规制产生之前，各国主要通过侵权法解决由污染造成的损害。随着工业规模的扩大，私人诉讼已不足以解决公害问题，行政权力才开始进行有限的干预。最初的行政干预从纵向层面看分散在各个地

---

① 参见叶俊荣：《环境政策与法律》，中国政法大学出版社2003年版，第122页。

方,从横向层面看分散在不同的机构,[①] 系统的环境规制的出现正是由于这种分散的行政干预不足以解决问题。因此,环境集权的主张作为一种对策首先出现,并较早地在理论上得到阐释,具体而言,环境集权的主张主要从以下几个层面展开。

首先,环境问题的外溢特征为中央干预提供了理由。从影响范围上看,很多时候环境影响与行政辖区是非对称的,这使环境行政任务复杂化,也为中央政府的介入提供了基础。一方面,中央政府便于协同整合不同区域的问题;另一方面,中央政府在应对由负外部性引发的公地悲剧上具有优势。

其次,由于环境利益容易与其他利益特别是经济发展的利益发生冲突,分散式的规制有诱发逐底竞争(race to the bottom)的风险。所谓的逐底竞争,是指在分散式的规制下,各地区在相互竞争的环境中为吸引工业企业或避免投资流失,纷纷降低环境标准的恶性循环。[②]

[①] 横向层面的组织构建,大多数国家都经历了从分散到集中、从多部门共管到成立专门的环境监管机构的过程。例如,苏联在 1988 年之前在环境管理上采取的是"分散管理"的模式,即不设立专门的环境管理机构,而将环境管理权分散在农业、卫生、渔业、林业、工业主管部门,这些部门在各自规定的职权范围内,履行部分国家环境管理职责。日本在 1971 年前也与此类似,由大藏省、厚生省、农产省、通产省、运输省和建设省分别行使环境管理权,1971 年成立环境厅集中行使环境监管权力,2001 年环境厅又升格为环境省,进一步加强了环境保护机构的权威。参见陈海嵩:《国家环境保护义务论》,北京大学出版社 2015 年版,第 16 页。纵向层面的权力分配,很多国家经历了从分权到集权到再分权的变迁,see Esty, D. C., *Revitalizing Environmental Federalism*, Michigan Law Review, 95 (3), 570-653.

[②] 美国行政法学家里查德·斯图尔特最早在环境规制领域提出逐底竞争的概念,在此之后围绕这一概念产生了大量不同视角的研究。See Stewart, R. B., *Pyramids of Sacrifice? Problems of Federalism in Mandating State Implementation of National Environmental Policy*, The Yale Law Journal, 86 (6), 1196-1272; Swire, P. P., *The Race to Laxity and the Race to Undesirability: Explaining Failures in Competition Among Jurisdictions in Environmental Law*, Yale L. & Pol'y Rev., 14, 67; Engel, K. H., *State Environmental Standard-setting: is there A Race and is it to the Bottom*, Hastings LJ, 48, 271; Saleska, S. R. & Engel, K. H., *Facts are Stubborn things: An Empirical Reality Check in the Theoretical Debate Over the Race-to-the-bottom in State Environmental Standard-setting*, Cornell JL & Pub. Pol'y, 8, 55.

中央政府的介入有利于避免这种由恶性竞争引发的福利损失。

最后，环境规制常常涉及复杂的技术问题，由中央政府集中收集材料、分析数据、制定政策有利于发挥规模经济的优势。特别是在科研层面，中央政府不仅有能力"集中力量办大事"，还能避免各地区分散研发造成的浪费与风险。正如环境法学家丹尼尔·埃斯蒂探讨环境联邦主义时的设问"我们是否真的想由各地分别决定多氯联苯在何种情况下产生致癌风险"，在环境保护领域，有相当多的技术问题适宜在全国层面加以应对。

与环境集权的主张相对应，环境分权则强调区域性政府在环境规制中的优势，其论证大体从以下几个层面展开。

首先，从环境问题的特征来看，其产生与解决都与地方事务密不可分，分权有利于保障地方自主权。由于环境问题是经济、社会现代化过程中利益冲突的产物，环境规制始终要平衡环境利益与其他利益的关系，如企业提供工作岗位并生产社会所需产品和周围居民要求良好生活环境的需求都属于正当利益。环境利益作为非传统法益要与其他利益相平衡，一旦地方在这些问题上失去表达与选择的权利，地方自主权会在整体上受到极大的限制。同时，从理论上看，规制上的分权也能更加准确地反映民众在这些问题上的偏好，在地方层面的规制也更容易实现自我治理和公众参与的目标，民主制度下选民能够更加灵活地向地方政府问责。

其次，环境分权有利于实现多元化，而多元化在提高效率上具有优势。论者通常从制度创新和适应性两个层面倡导环境规制上的多元化。一方面，环境分权提供了更多的政策试验的机会，地方层面的试验与全国层面的试验相比成本更低、试错效率更高，同时多元化的环境会鼓励制度创新。另一方面，环境规制面对的现实环境也是多样的，不同地区在社会经济、文化、人口、气候、自然环境、技术水平等方方面面都会有较大差异，环境分权有利于实现因地制宜地处理，多元化的应对措施也与现实发展的不平衡相适应。

最后，环境分权能够避免中央政府的官僚机构过于庞大，地方政府能够更好地获得实践信息和地方知识。污染控制、自然资源管理等一系列环境事务都需要在地化处理，这意味着环境行政任务往往庞杂繁重，由中央政府规制机构负责往往会面对人力、资源上的不足。实行环境分权的情况下，由更接近环境行政任务的地方政府承担规制责任，使庞杂的行政任务分散化，避免过于庞大的规制机构尾大不掉，在管理上更加灵活，有助于提高治理绩效。

以上对环境集权与环境分权主张的梳理反映了环境规制的复杂性——不同规制主体面对不同问题各具优势和劣势。这些因素并非在任何情境下都会发生作用，不同规制主体对规制效果的影响也不是决定性的。环境规制的复杂性意味着环境行政权的纵向配置不会是将全部权力归于某一主体的全有全无模式，而是一个多层次的规制体系，规制权有必要在不同主体之间进行分配，不同的分配模式不仅受到环境问题的影响，还会受到中央、地方在整体政治环境中的定位、行政组织结构等一系列现实因素的影响。

二、集中体制下的碎片化行政

在我国，环境保护成为行政任务的历史并不久远，1971年成立国家计委环境保护办公室，"环境保护"才首次出现在我国政府机构的名称中。这一时期，我国虽然在中央层面成立了环境行政管理部门，却在法律实施上形成了权力在不同部门、不同层级较为分散的环境行政管理体制。环境行政较为典型地体现了政府间关系与权限划分的一般模式，对其剖析可以揭示集中体制下的碎片化行政的特点。下面将从环境行政组织的建构和环境行政任务的分配两个层面剖析集中体制与碎片化行政这两个看似相悖的特征。

(一) 环境行政组织的建构

环境行政组织的建构受到行政任务、规制性法律、固有的行政组织结构、中央与地方关系等多方面的影响，从建构伊始就体现了集中制与碎片化行政的特征。

回顾我国环境行政组织建构的历史，20世纪70年代以前，对工业污染、生态破坏引起的问题主要由灾害发生地的地方政府组织计委、卫生部门、城建部门处理，在部分工业城市成立了"三废"治理办公室，这是我国地方环保机构的雏形。[1] 1974年成立的国务院环境保护领导小组，是第一个全国层面的环保机构，在性质上属于国务院议事协调机构，由农业部、卫生部、林业部及有关工业部门的人员组成，主要负责统筹规划、政策协调，具体的环保工作在各部门。[2] 这样的安排深刻地影响了之后环境行政权的配置，到1979年《环境保护法（试行）》出台，仍然将具体的环境行政任务分配给"国务院和所属各部门、地方各级人民政府"[3]，并在不同部门设置相应的环保机构，[4] 环境行政权的分配极其分散。同时国务院设立

---

[1] 参见张连辉：《新中国环境保护事业的早期探索——第一次全国环保会议前中国政府的环保努力》，载《当代中国史研究》2010年第4期。

[2] 参见余耀军：《中国环境行政权配置之结构性问题探析——以环境行政权配置之变迁为脉络》，载吕忠梅主编：《环境资源法论丛》第8卷，法律出版社2010年版。

[3] 1979年《环境保护法（试行）》第5条规定："国务院和所属各部门、地方各级人民政府必须切实做好环境保护工作；在制定发展国民经济计划的时候，必须对环境的保护和改善统筹安排，并认真组织实施；对已经造成的环境污染和其他公害，必须作出规划，有计划有步骤地加以解决。"

[4] 1979年《环境保护法（试行）》第28条规定："国务院和地方各级人民政府的有关部门，大、中型企业和有关事业单位，根据需要设立环境保护机构，分别负责本系统、本部门、本单位的环境保护工作。"

的环境保护机构仍以议事协调功能为主,① 明显有别于负责法律实施的规制机构。

因此,尽管 1979 年《环境保护法(试行)》要求国务院设立环境保护机构,规定了环境保护机构的主要职责,但其机构性质、法律地位尚未明确,并在随后的十几年间几经变迁。在中央层面,环境行政主管部门经历了从议事协调机构到行政管理机构,从城乡建设部下属机构到成为独立部门的发展。直到 1988 年国家环境保护局成立,中央层面才成立了独立的环境执法机关。

在地方层面,1979 年《环境保护法(试行)》规定省一级政府设立环境保护局,市、县一级政府根据需要设立环境保护机构,② 深嵌于地方的环境行政系统初步形成。但这一时期的地方环保机构与国务院环保机构职责类似,同样以监督协调功能为主,③ 环境执法职责分散在"各部门、各单位"。

同时,分散在地方的环境保护机构在职责和建置上从一开始就是中央环保机构的翻版,并且一直依照中央政府职能部门调整而调

---

① 1979 年《环境保护法(试行)》第 26 条规定:"国务院设立环境保护机构,主要职责是:(一)贯彻并监督执行国家关于保护环境的方针、政策和法律、法令;(二)会同有关部门拟定环境保护的条例、规定、标准和经济技术政策;(三)会同有关部门制定环境保护的长远规划和年度计划,并督促检查其执行;(四)统一组织环境监测,调查和掌握全国环境状况和发展趋势,提出改善措施;(五)会同有关部门组织协调环境科学研究和环境教育事业,积极推广国内外保护环境的先进经验和技术;(六)指导国务院所属各部门和各省、自治区、直辖市的环境保护工作;(七)组织和协调环境保护的国际合作和交流。"

② 1979 年《环境保护法(试行)》第 27 条第 1 款规定:"省、自治区、直辖市人民政府设立环境保护局。市、自治州、县、自治县人民政府根据需要设立环境保护机构。"

③ 1979 年《环境保护法(试行)》第 27 条第 2 款规定:"地方各级环境保护机构的主要职责是:检查督促所辖地区内各部门、各单位执行国家保护环境的方针、政策和法律、法令;拟定地方的环境保护标准和规范;组织环境监测,掌握本地区环境状况和发展趋势;会同有关部门制定本地区环境保护长远规划和年度计划,并督促实施;会同有关部门组织本地区环境科学研究和环境教育;积极推广国内外保护环境的先进经验和技术。"

整。1974年国务院成立了具有议事协调性质的环境保护领导小组办公室后，一些地方就相应设立了类似的环境保护机构，1979年出台的《环境保护法（试行）》最早要求省一级人民政府设立环境保护局，但由于这一阶段中央政府的环境保护机构的建制尚未稳定，地方各级环境保护机构的设置并没有根据立法规定而确定下来，而是随着中央环保机构的调整而变动，主要由国务院规范性文件确定。1982年国务院机构改革，撤销了国务院环境保护领导小组办公室，在城乡建设环境保护部内设环境保护局，地方在机构设置上出于上下对口的考虑也将已经设立的环境保护局并入城建部门。[①] 两年之后，国务院发布《关于环境保护工作的决定》对地方环境保护机构设置进一步强调"各省、自治区、直辖市人民政府，各市、县人民政府，都应有一名负责同志分管环境保护工作。工业比重大、环境污染和生态环境破坏严重的省、市、县，可设立一级局建制的环境保护管理机构"[②]，各地才逐步建立独立的环境保护机构。直到2008年国务院机构改革成立环境保护部，中央环境保护行政主管部门地位提升并成为国务院组成部门，所有省市都成立环境保护行政主管部门并作为政府组成部门。[③] 2018年随着在中央层面组建生态环境部，整合原国土资源部、水利部、农业部、国家海洋局、国家发展和改革委员会等部门的职责，在地方层面原有的环境保护厅也相应地整合为生态环境厅。地方政府的环境保护部门在机构性质和职能设置上始终与中央政府主管部门保持一致。

---

① 参见曲格平：《梦想与期待：中国环境保护的过去与未来》，中国环境科学出版社2000年版，第79页。
② 国务院《关于环境保护工作的决定》。
③ 在部门名称上除了海南省仍称为"国土环境资源厅"（2015年海南省成立生态环境保护厅），其他省和自治区均称为"环境保护厅"，所有直辖市均称为"环境保护局"。

以上从中央和地方两个层面回顾了我国环境行政组织建构的过程，可以看到其同时存在集中制与碎片化的特征。其中，集中制主要体现在通过组织进行的自上而下的行政控制，这种集中制在两方面产生影响。一方面，在组织设置上，地方层面的环境行政部门始终与中央政府的职能部门保持对口设置，以便于自上而下实现组织的监督、指导。另一方面，这种对口设置的形式同时意味着地方政府在环境行政上的组织权受到限制，环境行政组织的建构以及相互间的关系也没有被作为法定事项，严格受立法调整，而是作为中央行政所保留的权力。

碎片化则体现在组织间的权限分配上，一方面，环境法律实施责任长期由不同部门分担，环境行政机关面临权限不足的问题；另一方面，各级环境行政机关分别隶属于本级政府，环境行政系统的集中性在事实上和法律上都受到各级地方政府的限制。同时，各级政府的环境责任存在重合并因此产生权责不清的问题，不仅各级环境行政机关实施环境法律的实际情况会受到本级政府态度的影响，各级政府的环境责任最终也通过碎片化的行政手段来确认。

（二）环境行政任务的分配

环境行政任务的分配基本以地域为基础，《环境保护法》也规定了地方政府的属地责任。[①] 但概括式的规定再加上不同层级的政府管辖区域上的重合会导致责任的重合。环境行政又有明显的在地特征，一个湖泊受到污染，从省、市、县人民政府到国务院环境行政部门都有可能承担责任。

[①] 《环境保护法》第6条第2款规定："地方各级人民政府应当对本行政区域的环境质量负责。"

根据权责平衡的原则，责任承担以权力分配为基础，责任重合背后是权力的重合。在法律对各级政府的概括式授权下，各级政府的职责没有明显差别——呈现出"每一级政府管所有的事"的同构现象。政府间的分工仅体现在权限的不断细化，这种权限分配与制度化的分权有明显区别。具体而言，在环境行政任务的划分上，《环境保护法》上"行政区域的标准"与通常作为纵向分权标准的"事务影响范围"遵循相反的逻辑。后者是自下而上排除式的，以自治为原则，纵向层面的分权以下级政府权力的独立性为前提；前者是自上而下概括式的，以集中制为原则，纵向层面的分工以上级政府的管辖权为前提。不同层级的政府都承担执法任务，并就自身承担的任务向上级政府负责，这种安排使中央政府保留决定权和监督权，同时为行政任务下放奠定基础。下面仅以《环境保护法》中对行政任务的划分为例，加以说明（见表5-1）。

表5-1　《环境保护法》中对行政任务的划分

行政任务	承担者	规范依据
制定环境质量标准、污染物排放标准	国务院环境保护主管部门；在一定情况下由省一级人民政府，并报国务院环境保护主管部门备案	第15条、第16条
建立、健全环境监测制度	国务院环境保护主管部门	第17条
建立环境资源承载能力监测预警机制	省级以上人民政府	第18条
跨行政区域环境污染和生态破坏的防治	各级人民政府	第20条
现场检查	县级以上人民政府环境保护主管部门及其委托的环境监察机构和其他负有环境保护监督管理职责的部门	第24条

续表

行政任务	承担者	规范依据
查封、扣押造成污染物排放的设施、设备	县级以上人民政府环境保护主管部门和其他负有环境保护监督管理职责的部门	第25条
重点生态保护	各级人民政府	第29条
农业环境保护	各级人民政府	第33条
提高农村环境保护公共服务水平,推动农村环境综合整治	县级、乡级人民政府	第33条
海洋环境保护	国务院和沿海地方各级人民政府	第34条
生活废弃物分类处置、回收利用	地方各级人民政府	第37条
建立、健全环境与健康监测、调查和风险评估制度	国家	第39条
推广清洁能源的生产和使用	国务院有关部门和地方各级人民政府	第40条
重点污染物排放总量控制	国务院、省级人民政府	第44条
突发环境事件处置	各级人民政府	第47条
农村生活废弃物处置	县级人民政府	第49条
农村饮用水水源地保护、生活污水和其他废弃物处理、畜禽养殖和屠宰污染防治、土壤污染防治和农村工矿污染治理	各级人民政府	第50条
统筹城乡建设污水处理设施及配套管网,固体废物的收集、运输和处置等环境卫生设施,危险废物集中处置设施、场所以及其他环境保护公共设施	各级人民政府	第51条

续表

行政任务	承担者	规范依据
信息公开	各级人民政府环境保护主管部门分别承担不同的公开责任	第54条
责令污染企业、生产经营者采取限制生产、停产整治	县级以上人民政府环境保护主管部门	第60条
责令污染企业、生产经营者停业、关闭	有批准权的人民政府	第60条
对未依法提交建设项目环境影响评价文件或者环境影响评价文件未经批准，擅自开工建设的建设单位的处置	负有环境保护监督管理职责的部门	第61条
重点排污单位不公开或者不如实公开环境信息的处置	县级以上地方人民政府环境保护主管部门	第62条

通过对《环境保护法》中行政任务及其分配的梳理，可以看到除了建立环境监测制度，制定全国性环境质量标准、污染物排放标准等少数中央政府专属事项外，大部分行政任务都由中央政府和地方政府共同承担。从管辖权的角度看，法律并未区分不同层级政府的管辖事项或规定管辖权分配的原则，政府间的明确分工往往通过规范性文件的形式进行。[①] 概括性授权为上级政府对下级政府的监督与干预提供基础。行政任务在纵向层面的分配主要是在行政系统内

---

① 以对环境影响评价审批的分级管理为例，法律仅在国务院主管部门和省级人民政府之间进行了权限划分，但这并不意味各级政府之间在这一事项上的具体权力划分不明确，相反，通过规范性文件各级政府之间的权限划分非常细致，甚至过于细致以至于要经常调整适应社会变化。参见刘志欣：《中央与地方行政权力配置研究——以建设项目环境影响评价审批权为例》，上海交通大学出版社2014年版，第184-185页。

部通过规范性文件进行调整。这种概括性授权的模式不仅见于环境行政，而且可见于各个行政领域，被认为是一种具有中国特色的"范化治理"模式，大部分事务上"中央决策，地方执行"。①

环境行政任务的分配以环境行政组织作为结构性前提，组织安排上体现的集中制与碎片化并存的特征同样体现在行政任务的分配上。其中，集中制的特征体现在法律以行政区域为基础的概括式授权，在这种概括式授权下中央政府对地方政府、上级政府对下级政府始终保持优势。上级政府既可以通过行政手段将行政任务下放到下级政府，又掌握对下级政府完成行政任务情况的控制权。而碎片化的特征体现在被授权主体的分散上，根据《环境保护法》的授权，实际承担环境行政任务的并不是某一个主体，而往往是"各级政府""各级主管部门"。权责的最终归属模糊，行政任务在各主体之间通过行政手段进行分配，使职能和责任都呈现碎片化。

（三）小结：集中制下的权力下放

从上文对环境行政组织和行政任务的分析可以看到，碎片化和集中制特征始终并存。环境行政的碎片化不仅不是向地方分权的结果，而且始终以行政集权为基础，是行政集权制下权力下放的表现，其与真正的环境分权在以下方面存在区别。首先，分权以组织上的自治为基础。在我国，无论是各级地方政府还是各级环境行政部门都是集中制中的一环，下级政府及部门在组织上接受上级的领导。其次，分权以法律形式确定权力的归属，而我国环境法律将权力概括性地授予各级政府，具体的权限分配通常以行政手段确定。再次，在责任分配上，与权力分配相一致，分权制下国家的环境责

---

① 宣晓伟：《治理现代化视角下的中国中央和地方关系——从泛化治理到分化治理》，载《管理世界》2018年第11期。

任与地方的环境责任相对独立，而我国环境法上的属地责任在本质上属于国家责任。最后，在应责方式上，强调地方分权的同时一般强调地方政府对外的回应责任，能够更好地对外承担回应责任也是地方分权的正当性基础之一，而我国环境法律所强调的目标责任是一种典型的对内行政应责方式，这也能在一定程度上说明环境行政体制的集权制特征。

但与此同时，环境行政体制的集中特征也不同于强调中央政府治理责任的环境集权。中央环境行政部门仅承担有限的执法职能，主要依靠地方环境行政部门执行环境法律与政策。中央环境行政部门对地方各级环境部门有一定的控制权，但这种控制权是与每一级地方政府分享的，在法律上和事实上都受到限制。在日常行政中，环境行政部门职能目标的实现不可避免地受到各级地方政府的影响，在法律上首先也要求地方政府对本辖区环境质量负责。[1] 环境集权的主张强调环境治理权力和环境治理责任的集中，而集中制下强调的是各级政府之间的控制权。

三、环境法律实施中的象征性执行和政治执行

纸面上的法律与现实中的法律之间存在差距并不是我国的独有现象，特别是对环境法律而言，由于环境问题自身所带有的不确定性、影响非对称性等特征，环境法律和环境政策不可避免地产生模糊性、过度包含（over inclusive）等问题，[2] 各国环境法都在一定程

---

[1] 《环境保护法》第6条第2款规定："地方各级人民政府应当对本行政区域的环境质量负责。"

[2] See Jeannette L. Austin, *The Rise of Citizen-Suit Enforcement in Environmental Law: Reconciling Private and Public Attorneys General*, Northwestern University Law Review, 81, 220-993.

度上面临"执行难"。① 如果说执行一部法律已难于制定一部法律,执行一部环境法律则更加困难。环境法律实施中象征性执行与政治执行交替出现的现象能够突出反映行政权力纵向分配中的问题。

根据造成执法困境原因的不同,所采取的补救措施也应有差异。因此,有必要区分不同情况,如对于执法机构没有充分的执法资源,面对庞杂的行政任务,信息、人员上的短缺可能导致执行失败,可以引入补充执法机制,如公益诉讼。对于由规制俘获造成的执行偏差,可以通过引入多元执法主体并为利益相关者提供参与机会进行弥补。由法律的特性带来的执行困难,如环境法律过度依赖激励性措施可能导致立法目标落空,② 则需要对立法进行实质调整。环境法律实施的复杂性使其成为调试政府间关系、创新执法方式的试验场。③ 下文并非要对环境法律实施中的诸多问题进行全面的讨论,而是仅针对与权力纵向配置相关的执行难问题。

(一) 环境行政中象征性执行的诱因

象征性执行通常用以批评地方政府在环境执法上的不力表现。由于工业对地区财政和就业上的贡献,地方政府在解决由地方工业造成的环境破坏方面通常并非最有效的机构。④ 环境法律在职责、职

---

① See Farber, D. A., *Taking Slippage Seriously: Noncompliance and Creative Compliance in Environmental Law*, Harv. Envtl. L. Rev. 23, 297; McAllister, L. K., *Revisiting A Promising Institution: Public Law Litigation in the Civil Law World*, Ga. St. UL Rev. 24, 693.

② See Henderson, J. A. & Pearson, R. N., *Implementing Federal Environmental Policies: The Limits of Aspirational Commands*, Columbia Law Review, 78 (7), p. 1429-1470.

③ 如在美国法上,环境法是合作联邦主义和私人执法最活跃的领域。See Ryan, E., *Negotiating Federalism*, BCL Rev., 52, 1; Adler, J. H., *Jurisdictional Mismatch in Environmental Federalism*, NYU Envtl. LJ, 14, 130.

④ 参见 [美] 李侃如:《治理中国:从革命到改革》,胡国成、赵梅译,中国社会科学出版社 2010 年版,第 294 页。

权分配上的模糊,更鼓励了地方政府执行中的变通行为,以致一些地方政府为实现短期经济增长而忽视环境保护,甚至干预环境执法,造成在环境治理领域存在"有法不依、执法不严、违法不究的现象"①,这被认为是一种在执法上的地方保护主义,长期以来地方保护主义都被认为是我国环境法律实施最大的制约因素。所谓的象征性执行指的就是负有执法责任的地方政府出于地方保护主义动机在执行环境法律上的各种偏差现象。上文在对法律实施困境形成的讨论中,介绍了高模糊与高冲突性问题诱发象征性执行的风险,这一问题在环境法律实施过程中得到了突出体现。

模糊性问题既存在于政策本身也存在于政策实施的过程中,这两个阶段的模糊性问题都与环境行政权的纵向结构相关。从法律规范角度看,我国环境法律规范体系主要由全国人大及其常委会制定的环境法律、国务院及其各部委制定的行政法规和规章、地方层面的地方性法规和规章组成。在各个立法领域中,环境保护领域立法数量之多、力度之大、频率之快堪称模范,甚至在领域法法典化的进程中被作为条件成熟的立法领域。但从内容上看,法律规范的碎片化、重复化、矛盾化等问题仍然存在,②特别是法律规范的模糊给执行带来很大的困难。对这些丰厚的立法成果,环境法律规范模糊、缺乏执行措施与可操作性等问题仍然不可避免地存在。

然而,这种体现在法律规范上的模糊性并不仅受前文所提到的由环境问题不确定性导致的模糊性的影响,而与我国环境法律实施的特征与模式密切相关。作为环境政策主体的法律、行政法规、部

---

① 参见余惠敏、郭子源:《环境保护部部长:以"垂直"环保执法防止地方保护》,载中国政府网,http://www.gov.cn/xinwen/2016-03/12/content_5052457.htm。

② 参见蔡宋秋等:《公法视阈下环境法典编纂笔谈》,载《法学评论》2022年第3期。

门规章都属于中央层面的立法，要使其能够适应全国不同区域的不同情况，则不得不保持相当程度的框架性和原则性，在确定基本制度的前提下授权下级政府作出进一步的规定。立法决策与执行之间漫长的距离使立法为了获得广泛的适应性有必要保持一定的模糊性，这也使执行者有了更大的裁量空间来确定立法意图和实现立法意图的手段，同时也为象征性执行留下了空间。

在法律实施过程中的模糊性问题则主要体现在权责分配上。前文已经介绍了我国环境行政组织与环境行政任务分配的特征，不难看到不同层级政府和不同的政府部门在职权的最终归属上存在集中与碎片化并存的矛盾。在组织上，在"以块为主，以条制块"的结构下，无论是地方政府还是职能部门都无法做到权责独立。地方政府不仅在法律上要作为上级政府的执行机关、执行上级政府的决策，还在具体的事务上受到职能系统的制约和监督，属地责任的责任内容最终需要通过行政手段由上级政府确定。环境行政部门不同于独立的监管机构，其基本依附于各级地方政府。作为地方政府工作部门，不具有组织上的独立性，也难以作为一个独立的组织承担环境责任，环境法律最终规定地方政府对环境质量负责即可作为证明。在职权上，法律概括式授权的模式下，下级政府的权限由上级政府确定并可以通过行政手段改变，权限在行政组织内部频繁调整，看似详尽明确，但职权的性质未定，一项权力究竟是中央权力还是地方权力，是政府权力还是部门权力经常处在模糊的状态。这种模糊性的主要原因是在行政权的纵向配置中权力下放的分工关系取代了政府间的分权。地方政府究竟是作为独立的主体行使法律赋予的权力，还是作为上级政府的执行机关行使上级政府授予的权力在很多情况下并不清楚，相应地，在不同情况下地方政府应向本级人大承担回应性责任还是向上级政府承担行政责任也非常模糊。

冲突性问题在很大程度上是源于权责分配的模糊，主要体现在承担环境行政任务的各个主体之间的利益冲突，其中最为直接的是"条块冲突"，在其背后还有不同层级政府间的冲突以及不同部门间的冲突。由于我国实行"统一监督管理和分级、分部门管理相结合的环境管理体制"，环境行政的权限在部门和地方之间的分配较为分散，由部门利益和地方利益冲突引发的权限冲突时有发生。例如，根据《环境保护法》的规定，地方环保部门的处罚权和强制权都非常有限，"责令停业、关闭"这种较为严厉的处罚手段都要报经政府批准。[1] 但地方政府并不是法律授权的唯一责任主体，加上生态环境保护的长期性、复杂性和艰巨性以及结果的不可量化性等特征，生态保护难以短期内转化为地方可视利益，因此地方易采取推诿、选择等消极态度行使生态保护职权。[2]

环境执法体制改革中的环境垂改——推动省级以下环保机构监测监察执法垂直管理制度，也是为了尽量克服、避免冲突性问题，通过将监测监察执法权上收至市地级生态环境局统一管理，旨在缩减纵向执法层级、防止地方干预，但又可能削弱基层政府本身的执法能力。[3] 仅仅对环境行政部门赋权并不能厘清权责归属问题，也难以真正解决部门利益与地方利益的冲突。同时，行政权力在职能部门内部的集中也必会伴随着能力的提升，特别是对与地域

---

[1] 《环境保护法》第60条规定："企业事业单位和其他生产经营者超过污染物排放标准或者超过重点污染物排放总量控制指标排放污染物的，县级以上人民政府环境保护主管部门可以责令其采取限制生产、停产整治等措施；情节严重的，报经有批准权的人民政府批准，责令停业、关闭。"

[2] 参见刘彤彤：《生态法治视域下央地权力的规范配置》，载《法商研究》2024年第4期。

[3] 参见李爱年、陈樱曼：《生态环境保护综合行政执法的现实困境与完善路径》，载《吉首大学学报（社会科学版）》2019年第4期。

联系紧密且跨特定业别的环境规制而言,环境治理与本质上是地方事务的土地、建设、交通规划之间的协调几乎不可避免。

在地方政府与环境行政部门的冲突之外,不同层级的政府也会出现利益冲突,这主要是环境影响与行政辖区的非对称性导致的。很多时候表面上的"条块冲突"实际上反映的是不同层级间政府的利益冲突。环境问题的影响不限于特定的行政辖区,这使环境行政任务复杂化。很多环境事务即使由地方政府负责执行,也难以完全作为地方性事务。这种非对称性主要有以下表现形式。

首先,环境问题牵涉不同的行政辖区,需要在信息、技术乃至执行上协同合作。流域治理就是这种情况的典型代表,即使流域范围内不同辖区的政府在政策目标上存在某种程度的共识,仍然会面对由行政区划造成的执行上的碎片化。其次,地区性环境问题影响外溢。由于很多环境问题在地理上有明显的外溢性,本地区环境问题的解决有赖于其他地区的协作,而双方在治理目标、优先性上可能存在分歧。例如,我国北方的雾霾治理上就存在这种情况。根据中国社科院气候报告,北京地区最大的雾霾源来自河北省,[①] 自然北京的雾霾治理有赖于京津冀三地的协防协控,但三地在经济上对重工业的依赖程度不同,地方政府在政策上的优先目标也会有所区别,这种冲突不仅涉及技术性问题的协调,还面对环境平等的拷问。最后,在很多环境问题上存在行为和影响的完全分离。例如,在生物多样性的保障问题上,某一地区水坝的建设可能有利于区域内的生产生活,但会危害生物迁徙,而其所造成的损害并不由本区域内的政府或人民承担。这种情况下,本地政府反而不再是最适宜的决

[①] 参见王伟光、郑国光主编:《应对气候变化报告(2016):〈巴黎协定〉重在落实》,社会科学文献出版社 2016 年版。

策者和执行者。在法律对各级政府的概括性授权下,下级政府被当作上级政府的执行机关,没有正视地方政府的主体性,不同层级政府间的利益差别乃至利益冲突被忽视。

可见,环境法律、政策中本来就存在的模糊性和冲突性问题在我国目前的法律实施模式下被放大,以致在日常的环境行政中出现了个别的象征性执行的现象,这种由象征性执行导致的法律实施困境难以单独归咎于环境行政部门或地方政府。尽管象征性执行往往表现为地方政府及其部门在环境法律实施上的不力或偏差,但其诱因根植于集中体制下的模糊性与冲突性问题。其制度基础和运行逻辑在象征性执行向政治执行的转化中能够得到更充分的展现。依靠自上而下强制力的政治执行常被作为应对法律实施困境的手段,虽然象征性执行与政治执行的外在表现大相径庭,但实际上基于同样的权力结构,下面将对政治执行的表现与逻辑进行分析。

(二)象征性执行向政治执行的转化

作为一种政策执行模式的政治执行,指的是面对法律实施困境,依靠政策推动者的权力或权威自上而下地实现目标的现象。政治执行作为一种对策常见于各个行政领域,在我国环境法律实施中其最为典型的表现即是各种规模的环境执法运动,如"环保钦差""绿色风暴"。

作为政治执行的环境执法运动通常在行为模式上具有共性,这些集中于规范依据、组织形式、责任机制的共性使其区别于常规行政。下面将结合具体的环境执法运动对这三个方面的特征加以说明。

在规范依据上,环境执法运动以规范性文件为核心,由规范性文件对行政执法的方法、形式、时限、强度作统一规定。其主要功能在于决定并分配行政任务,提出具体的行政任务以及指标,并在行政组织内部向下层层分解。同时，规范性文件还往往会对行政行为做格式化处理，限制下级行政机关的裁量权。

作为执法运动核心的规范性文件发挥作用以行政组织内部的科层关系为基础，以清晰明确的目标为导向。具体而言，规范性文件的制定和执行呈现以下几个特征。首先，规范性文件的制定通常由中央政府职能部门主导，并有相应的地方政府、其他职能部门的参与，不仅是对法律的具体化，更是一个信息、利益整合的过程，在中央政府的权威下，同时负有法律实施职责的职能系统和地方政府会进行协商。其次，规范性文件通常强调目标和结果，由于执法运动是针对特定领域甚至特定区域的动员性行动，目的导向是其重要特征，而实现目标最直接的形式是将行政任务量化并分解。这也与政治执行针对低模糊性、高冲突性政策的特征相一致。最后，规范性文件不仅会规定具体行政任务和量化指标，往往还会对行政行为做统一的、格式化的处理，并作为特定情况下、临时的"裁量标准"。

在组织形式上，执法运动中经常会出现各种形式的临时性组织，通过组织上的重构致力于打破条块分割的局面在决策过程中的"小组机制"和执行过程中的"异地执法"都体现了这种组织重构。如实践中推动"环境执法运动"常态化而建立起环保督察制度，环保督察专门行政机构主要有两类，一是原环境保护部设立的六大区域环保督查中心[1]，二是在中央环保督察过程中国务院及一些省市级政府所成立的"环境保护督察工作领导小组"[2]。其中，环保督查中心属于派出机构，没有独立的执法权限，权力来自上级部门的委托。而各级政府成立的"工作领导小组"性质上属于"议事协调机

---

[1] 现对应为六大区域性的生态环境部的督察局。
[2] 现对应为生态环境保护督察工作领导小组。

构"，在事实上对推动环保督察行动起到重要作用的，但在设置依据、组织权威、职权范围、运行机制等方面都存在明显局限性。[①]

在责任机制上，政治执行强调行政组织内部的目标责任并往往会通过自上而下的绩效考核机制加以保障，每一项行政任务都会落实到具体的责任单位，行政问责、应责贯穿于整个执法运动，但也同样存在过度依赖科层制下的内部责任的问题。《环境保护法》规定了环境保护目标责任制和考核评价制度，要求各级政府将环境保护目标完成情况纳入对本级政府相关部门和下级政府的考核内容，这一机制在现实中主要面对以下两个困境。首先，这种目标责任制对短期、明确、可量化的"硬指标"更有效，对长期、复杂、带有不确定性、模糊性的环境问题则可能无从下手或失之偏颇；其次，目标责任制是整个"行政压力型体制"的一部分，环保目标只是其中一环，该目标有时还会和其他"更重要"的目标相抵触，以致很多地区在环保问题上"做减法"。[②] 因此，从长期上看，环境行政中的目标责任制有失灵的风险。[③]

环境执法运动对问责的强调正是针对目标责任制在日常行政中的失灵，但执法运动同样依靠目标责任，目标责任制在日常行政中的缺陷并不会随着问责强度的提升而消失。同时，政府处于一个复杂的责任系统之中，受到不同类型责任的约束，缺乏对责任性质和功能的分析和区分，以单一维度理解责任和责任的实现，单独强调内部的行政责任可能会使政府陷入不同类型的责任冲突之中，最终

---

① 参见陈海嵩：《环保督察制度法治化：定位、困境及其出路》，载《法学评论》2017年第3期。

② Jing Wu et al., *Incentives and outcome: China's Environmental Policy*, Working Paper Series, National Bureau of Economic Research, 2013.

③ 参见陈海嵩：《中国环境法治的体制性障碍及治理路径——基于中央环保督察的分析》，载《法律科学》2019年第4期。

无益于责任政府的实现。例如,在"煤改气"政策的执行过程中,个别地方政府为了实现分配到的具体目标甚至"超额完成任务",不惜"层层加码"采取极端措施,出现学校、医院供暖不足严重影响民生的现象,[①] 以致环境保护部办公厅向各地方人民政府发函要求"坚持以保障群众温暖过冬为第一原则","凡属没有完工的项目及地方,继续沿用过去的燃煤取暖方式或其他替代方式"。[②] 在此过程中地方政府对本地人民和地方人大回应性的政治责任被行政性的层级责任替代,以致需要在内部层级责任的压力下回应外部的诉求。

以上以环境执法工作为例,展现了政治执行在规范依据、组织形式和责任机制上的特征,可以看到政治执行的展开仍以政府间的科层关系为基础,其动员依靠组织内部自上而下的压力。为了保持这种压力,需要强调政府间的分工关系、自上而下的控制权和组织的同一性,这恰恰可能会排斥制度化的分权。行政集权制下产生的模糊性问题和冲突性问题的应对仍然依循自身的运行逻辑。然而,行政任务指标化、设置临时性组织、强化行政责任等措施并不能真正解决不同层级政府之间、部门与政府之间权责模糊甚至冲突的问题,还会产生巨大的行政成本。

小　结

本章讨论了环境领域的碎片化行政现象,指出行政集权制未必能取得法律实施意义上的集权效果。与预期相反,集权制下的权力

---

① 参见单仁平:《推进煤改气　国家不是要让部分群众受冻》,载《环球时报》2017年12月4日。
② 《关于请做好散煤综合治理确保群众温暖过冬工作的函》(环办大气函〔2017〕1874号)。

下放使行政任务和责任在"条""块"之间分割，这是导致行政碎片化的主要原因。在碎片化行政的背景下，环境法律实施的困难不仅表现为象征性执行中下级政府的消极应对，还体现在政治执行中上级政府对下级政府的过度控制上。这两种大相径庭的执行模式根植于同样的组织基础，是政府间关系科层化的结果。行政权力在纵向上的一体化不仅为行政权行使的合法、有效、应责带来了障碍，也限制了解决执法困境的路径和手段，导致象征性执行与政治执行的反复转化。同时，由于环境行政权的纵向配置具有一定的典型性，环境行政领域的碎片化行政只是我国行政集权制下权力下放的一个缩影。条块体制通过对行政权的分割实现中央对地方的控制，碎片化是集中控制的策略和基础，中央与地方之间的"集权—放权"逻辑会取代法治逻辑对行政权的行使产生决定性作用。

结　语

　　地方通过权力下放获得了巨大的自主权，这既增强了地方的主动性、灵活性，也给法律实施的统一带来压力。一方面，"放权"被作为增进体制活力和适应性的手段；另一方面，伴随"放权"而生的地方保护主义、权力的碎片化等现象对完善国家治理造成挑战。在"放权"与"收权"的不断循环中，行政权力和行政责任并没有在法律上得到明确的界分。本书认为，权限下放并不能改变行政集权制下的权力归属和责任机制，集权制也未必能取得权力集中行使的效果，"权力过度集中"与"权力的碎片化"本是一体两面。客观上对不同情况进行多样化处理的需要使权力下放成为必要，而集权制下对下放权力的控制手段又较为单一。

　　通过分析行政集权制下的组织结构、权限分配、责任关系能够解释法律实施过程中相互矛盾的政府行为。在解释现实之外，法学研究还有必要对行政集权制作出评价，而作出这种评价最重要的准据是宪法价值和规范。首先，若宪法在政府间关系上规定了双重领导体制，行政集权制虽然具备宪法依据，但央地关系的科层化有使宪法纵向分权意图落空的风险。其次，地方不仅是国家的行政区域，也是民主单位。行政集权制下，以科层分工关系取代纵向分权关系牺牲了地方的自主权利。最后，从行政效能上看，对于大国的有效治理而言，由权力过度集中带来的集权僵化、低效、信息滞后、成本过高的缺陷难以避免。尽管现代技术的发展使国家的控制能力大幅度提升，但行政事务的复杂程度也与当时不能同日而语。

本书的主要目的不是在中央与地方之间提出一个具体的行政权力配置框架，而是分析为什么我国行政权力按现有方式在中央与地方间分配、为什么政府机构在法律实施过程中按现有方式运行。但行文至最后，仍然有必要针对以上问题提出一些规范建议。

第一，在法律上承认"地方"的法律人格，明确其公法人地位。目前，我国《地方各级人民代表大会和地方各级人民政府组织法》以国家行政机关这一概念为核心展开，缺乏类似公法人的团体观念，也没有"地方"作为团体的规范依据。顾名思义，公法人资格需要通过法律授予。在我国，组织法没有赋予"地方"法律人格有两个直接后果：一是主体与机关混同，地方政府作为机关的定位不清，在何种情况下作为谁的机关的问题更被忽视；二是地方在法律身份上和组织上都不是相对独立于中央的实体，中央与地方的分权也就缺乏依托。因此，有必要通过地方制度法赋予地方法律人格，承认其团体地位，通过法人化实现行政上的分权与自我管理。同时，在地方法人化的基础上，区别作为不同法人机关、行使不同权力的国家行政机关与地方行政机关。

第二，进一步落实和完善地方人大制度。一方面，落实地方政府作为地方人大执行机关的地位，由它产生，对它负责，受它监督；另一方面，完善地方人大选举制度，保障"地方"作为一个实体对人民的回应性。这是地方分权与其他形式行政分权的区别所在。通过完善地方团体内部的分权关系，加强立法机关对行政机关的监督，也能够以地方内部的政治过程和科责制度来保障权力合法有效行使。

第三，依法明确不同层次的事权，不仅要区分立法事权和行政事权，在行政事权中还要继续区分地方自主行政、委办行政和中央行政，不同的行政任务对应不同的组织形式。对不同性质的行政任务的判断，要根据功能适当原则综合考量经济、社会、事务性质等多方面因素，来确定适宜承担行政任务的组织。同时，由于事项性质判断很难有确定且固定的标准，关注的重点有必要从事务内容转向法律关系、从实体转向程序，即除了少量的中央行政外，地方自主行政和委托行政的差别在于国家监督的密度及手段。委办行政受国家约束性较强，相应地，国家在人力、物力与财政支出中应给予更多的支持。而对于地方自主行政，地方团体应该具有广泛的权限，即在这类事务上，仅区分地方团体是否能从事相应事务，而不具体约束如何从事。最后，尽管具体的权限划分并非本书讨论的重点，在地方自主行政事务的决定上还应尽量考虑辅助性原则，地方团体有能力独立承担行政事务的情况下，优先由地方承担，避免分权内容上的空洞化。

第四，探索政府间多元的行政关系。行政纵向分权意味着中央与地方在相对独立的主体之间探索法律之下的监督、协作等多元的关系。不同的法律关系实际上提供了处理不同事务的框架，并在主体间建构多样的互动规则。具体而言，在监督关系上区分以适法性为核心的法律监督和以妥当性为核心的专业监督，以强制性干预手段为主的权力性监督与以柔性指导为主的非权力性监督。除了根据不同事务适用不同监督方式，还应逐步在行政监督之外引入司法监督或成立专门的权限争议裁决机构。在合作关系上，不限于有正式合作形式的委办行政，在其他类型的行政事项上也可以采取各种手段提供帮助、强化辅助、给予指导、传承经验，使政府间的关系更为灵活，从而达到与行政任务相适应的效果。

参考文献

中文期刊

1. 黄韬:《法治不完备条件下的我国政府间事权分配关系及其完善路径》,载《法制与社会发展》2015年第6期。

2. 高翔:《选择性培育:赋予乡镇政府更多自主权的实践逻辑及其优化》,载《探索》2019年第1期。

3. 高家伟:《德国的自治行政制度》,载罗豪才主编:《行政法论丛》第6卷,法律出版社2003年版。

4. 马怀德:《行政区划变更的法治问题》,载《行政法学研究》2016年第1期。

5. 马岭:《我国现行〈宪法〉中的民主集中制原则》,载《云南大学学报(法学版)》2013年第4期。

6. 马岭:《我国单一制国家结构形式的特点》,载《河南财经政法大学学报》2017年第6期。

7. 马力宏:《论政府管理中的条块关系》,载《政治学研究》1998年第4期。

8. 章剑生:《反思与超越:中国行政主体理论批判》,载《北方法学》2008年第6期。

9. 章剑生：《作为担保行政行为合法性的内部行政法》，载《法学家》2018 年第 6 期。

10. 韩大元、刘志刚：《单一制的法的内涵》，载《中国法律年鉴》1998 年第 1 期。

11. 陈爱娥：《行政法人化与行政效能》，载《月旦法学教室》2003 年第 12 期。

12. 陈爱娥：《行政任务取向的行政组织法——重新建构行政组织法的考量观点》，载《月旦法学教室》2003 年第 5 期。

13. 陈爱娥：《国家角色变迁下的行政组织法》，载《月旦法学教室》2002 年第 1 期。

14. 陈海嵩：《环保督察制度法治化：定位、困境及其出路》，载《法学评论》2017 年第 3 期。

15. 陈海嵩：《新〈环境保护法〉中政府环境责任的实施路径——以环保目标责任制与考核评价制度为中心的考察》，载《社会科学家》2017 年第 8 期。

16. 陈海嵩：《中国环境法治的体制性障碍及治理路径——基于中央环保督察的分析》，载《法律科学》2019 年第 4 期。

17. 陈柏峰：《城镇规划区违建执法困境及其解释：国家能力的视角》，载《法学研究》2015 年第 1 期。

18. 陈新民：《论中央与地方法律关系的变革》，载《法学》2007 年第 5 期。

19. 陈建仁：《单一制国家中央与地方伙伴关系之建构——以日本地方分权改革为例》，载《东吴政治学报》2008 年第 4 期。

20. 郑锦耀：《澳门特别行政区是否属于公法人问题研究》，载《"一国两制"研究》2014 年第 3 期。

21. 郑磊：《"较大的市"的权限有多大——基于宪法文本的考察》，载《国家行政学院学报》2009年第1期。

22. 郑毅：《论中央与地方关系中的"积极性"与"主动性"原则——基于我国〈宪法〉第3条第4款的考察》，载《政治与法律》2019年第3期。

23. 郑毅：《规范文本、政制实践与学科贡献——一种中央与地方关系法治研究的前言》，载《中国法律评论》2018年第1期。

24. 郑毅：《中央与地方事权划分基础三题——内涵、理论与原则》，载《云南大学学报（法学版）》2011年第4期。

25. 赵真：《没有国家的国家理论——读〈社会学与法学的国家概念〉》，载《政法论坛》2012年第3期。

26. 赵树凯：《县乡政府治理的危机与变革——事权分配和互动模式的结构性调整》，载《人民论坛·学术前沿》2013年第21期。

27. 赵宏：《合作行政与行政法的体系变革》，载姜明安主编：《行政法论丛》第17卷，法律出版社2015年版。

28. 贾圣真：《论国务院行政规定的法效力》，载《当代法学》2016年第3期。

29. 谢晖：《地方自治与宪政》，载《行政管理改革》2012第12期。

30. 谢庆奎：《中国政府的府际关系研究》，载《北京大学学报（哲学社会科学版）》2000年第1期。

31. 许成钢：《政治集权下的地方分权与中国改革》，载《比较》2009年第36期。

32. 许宗力：《国家机关的法人化——行政机关组织再造的另一种选择》，载《月旦法学杂志》第57期（2000年）。

33. 袁明圣：《宪法架构下的地方政府》，载《行政法学研究》2011年第1期。

34. 薛刚凌：《论府际关系的法律调整》，载《中国法学》2005年第5期。

35. 薛刚凌：《我国行政主体理论之检讨——兼论全面研究行政组织法的必要性》，载《政法论坛》1998年第6期。

36. 葛察忠：《环境保护督察巡视：党政同责的顶层制度》，载《中国环境管理》2016年第1期。

37. 葛云松：《法人与行政主体理论的再探讨——以公法人概念为重点》，载《中国法学》2007年第3期。

38. 苗连营、王圭宇：《地方"人格化"、财政分权与央地关系》，载《河南社会科学》2009年第2期。

39. 苏力：《当代中国的中央与地方分权——重读毛泽东〈论十大关系〉第五节》，载《中国社会科学》2004年第2期。

40. 罗湘衡：《分析府际关系的四大主流模式研究》，载《国外理论动态》2016年第6期。

41. 程金华、柯振兴：《中国法律权力的联邦制实践——以劳动合同法领域为例》，载《法学家》2018年第1期。

42. 石佑启：《论公共行政之发展与行政主体多元化》，载《法学评论》2003年第4期。

43. 田雷：《"差序格局"、反定型化与未完全理论化合意——中国宪政模式的一种叙述纲要》，载《中外法学》2012年第5期。

44. 甘霆浩：《资源依赖与保护性执法：基于基层土地执法机构运作的解释》，载《思想战线》2017年第4期。

45. 王锡锌：《地方治理的"在地化"与国家治理能力建

设》，载《中国法律评论》2016 年第 1 期。

46. 王理万：《中央与地方财政分权的合宪性检视》，载《上海政法学院学报（法治论丛）》2014 年第 1 期。

47. 王浦劬：《中央与地方事权划分的国别经验及其启示——基于六个国家经验的分析》，载《政治学研究》2016 年第 5 期。

48. 王旭：《作为国家机构原则的民主集中制》，载《中国社会科学》2019 年第 8 期。

49. 王敬波：《相对集中行政处罚权改革研究》，载《中国法学》2015 年第 4 期。

50. 王建学：《论地方政府事权的法理基础与宪法结构》，载《中国法学》2017 年第 4 期。

51. 王建学：《法国公法中地方公共团体的概念》，载《东南学术》2010 年第 1 期。

52. 王建学：《我国的地方自治：宪法文本的解读和现实状况的考察》，载廖益新主编：《厦门大学法律评论》总第 12 辑，厦门大学出版社 2007 年版。

53. 王建学：《中央的统一领导：现状与问题》，载《中国法律评论》2018 年第 1 期。

54. 王建勋：《单一制与联邦制究竟有何区别》，载《学术界》2016 年第 8 期。

55. 王天华：《国家法人说的兴衰及其法学遗产》，载《法学研究》2012 年第 5 期。

56. 王俊：《民族乡撤乡建镇、改办的思考——基于昆明市 6 个民族乡的案例研究》，载《云南民族大学学报（哲学社会科学版）》2015 年第 4 期。

57. 熊文钊：《行政公署的性质及其法律地位》，载《法学杂志》1985 年第 6 期。

58. 熊建明：《论中央与地方权力的统合与分置——从单一制含义正误之思辨切入》，载《法治研究》2013 年第 10 期。

59. 熊伟：《财政分税制的规范意旨与制度进阶》，载《苏州大学学报（哲学社会科学版）》2016 年第 5 期。

60. 湛中乐、苏宇：《论大学法人的法律性质》，载《国家教育行政学院学报》2011 年第 9 期。

61. 湛中乐：《中国大学引入董事会（理事会）制度的思考》，载《教育研究》2015 年第 11 期。

62. 洪骥：《日本国宪法第 92 条"地方自治之本旨"的解释论——从"保不保障"到"保障什么"》，载肖盼晴主编：《日本法研究》第 2 卷，中国政法大学出版社 2016 年版。

63. 沈荣华：《分权背景下的政府垂直管理：模式和思路》，载《中国行政管理》2009 年第 9 期。

64. 沈岿：《重构行政主体范式的尝试》，载《法律科学》2000 年第 6 期。

65. 江利红：《论日本行政法解释学的形成与发展》，载《法律方法》2015 年第 1 期。

66. 欧树军：《"看得见的宪政"：理解中国宪法的财政权力配置视角》，载《中外法学》2012 年第 5 期。

67. 林来梵：《国体宪法学——亚洲宪法学的先驱形态》，载《中外法学》2014 年第 5 期。

68. 林明锵：《国家与地方自治团体之关系》，载《法令月刊》2016 年第 7 期。

69. 林彦:《通过立法发展宪法——兼论宪法发展程序间的制度竞争》,载《清华法学》2013 年第 2 期。

70. 林彦:《合作型联邦制执法检查对央地关系的形塑》,载《中外法学》2017 年第 4 期。

71. 杨海坤、金亮新:《中央与地方关系法治化之基本问题研讨》,载《现代法学》2007 年第 6 期。

72. 杨利敏:《关于联邦制分权结构的比较研究》,载《北大法律评论》编辑委员会编:《北大法律评论》总第 8 卷,法律出版社 2003 年版。

73. 杨光斌:《国家结构理论的解释力与适用性问题》,载《教学与研究》2007 年第 7 期。

74. 李洪雷:《德国行政法学中行政主体概念的探讨》,载《行政法学研究》2000 年第 1 期。

75. 李振:《"省管县"体制问题研究综述》,载《理论界》2006 年第 11 期。

76. 李忠夏:《宪法学的教义化——德国国家法学方法论的发展》,载《法学家》2009 年第 5 期。

77. 李建良:《论公法人在行政组织建置上的地位与功能——以德国公法人概念与法制为借镜》,载《月旦法学杂志》第 84 期(2002 年)。

78. [美] 李侃如:《中国的政府管理体制及其对环境政策执行的影响》,李继龙译,载《经济社会体制比较》2011 年第 2 期。

79. 朱光磊、张志红:《"职责同构"批判》,载《北京大学学报(哲学社会科学版)》2005 年第 1 期。

80. 朱丘祥:《中央与地方行政分权的转型特征及其法治走向》,载《政治与法律》2009 年第 11 期。

81. 曾毅：《作为政体理论的联邦制与单一制——一种知识社会学的考察》，载《学海》2014年第3期。

82. 曹正汉：《中国的集权与分权："风险论"与历史证据》，载《社会》2017年第3期。

83. 曹正汉：《中国上下分治的治理体制及其稳定机制》，载《社会学研究》2011年第1期。

84. 戚渊：《立法权概论》，载《政法论坛》2000年第6期。

85. 徐键：《分权改革背景下的地方财政自主权》，载《法学研究》2012年第3期。

86. 张运昊：《行政一体原则的功能主义重塑及其限度》，载《财经法学》2020年第1期。

87. 张茵：《垂直管理体制的行政法研究》，载《黑龙江省政法管理干部学院学报》2014年第6期。

88. 张翔：《走出"方法论的杂糅主义"——读耶利内克〈主观公法权利体系〉》，载《中国法律评论》2014年第1期。

89. 张翔：《我国国家权力配置原则的功能主义解释》，载《中外法学》2018年第2期。

90. 张翔：《国家权力配置的功能适当原则——以德国法为中心》，载《比较法研究》2018年第3期。

91. 张翔：《功能适当原则与宪法解释模式的选择——从美国"禁止咨询意见"原则开始》，载《学习与探索》2007年第1期。

92. 张树义：《行政主体研究》，载《中国法学》2000年第2期。

93. 张慰：《"重要性理论"之梳理与批判——基于德国公法学理论的检视》，载《行政法学研究》2011年第2期。

94. 张千帆：《地方自治的技艺：走向地方建制的理性化》，载

《华东政法大学学报》2011 年第 6 期。

95. 张千帆：《从二元到合作——联邦分权模式的发展趋势》，载《环球法律评论》2010 年第 2 期。

96. 张千帆：《主权与分权——中央与地方关系的基本理论》，载《国家检察官学院学报》2011 年第 2 期。

97. 张千帆：《中央与地方财政分权——中国经验、问题与出路》，载《政法论坛》2011 年第 5 期。

98. 张力：《行政法人在公法组织主体化进程中的功能、构造与适用范围》，载《河北法学》2016 年第 6 期。

99. 崔卓兰、杜一平：《行政自我评价法律制度探究》，载《行政法学研究》2011 年第 4 期。

100. 崔卓兰、刘福元：《行政自制的可能性分析》，载《法律科学》2009 年第 6 期。

101. 崔卓兰、刘福元：《行政自制——探索行政法理论视野之拓展》，载《法制与社会发展》2008 年第 3 期。

102. 崔卓兰、于立深：《行政自制与中国行政法治发展》，载《法学研究》2010 年第 1 期。

103. 崔卓兰：《行政自制理论的再探讨》，载《当代法学》2014 年第 1 期。

104. 屈茂辉、张彪：《法人概念的私法性申辩》，载《法律科学》2015 年第 5 期。

105. 屈茂辉：《机关法人制度解释论》，载《清华法学》2017 年第 5 期。

106. 尚海龙：《论行政自我拘束原则》，载《政治与法律》2007 年第 4 期。

107. 封丽霞:《中央与地方立法权限的划分标准:"重要程度"还是"影响范围"?》,载《法制与社会发展》2008年第5期。

108. 宣晓伟:《治理现代化视角下的中国中央和地方关系——从泛化治理到分化治理》,载《管理世界》2018年第11期。

109. 宋华琳:《国务院在行政规制中的作用——以药品安全领域为例》,载《华东政法大学学报》2014年第1期。

110. 孙波:《论地方性事务——我国中央与地方关系法治化的新进展》,载《法制与社会发展》2008年第5期。

111. 孙佑海:《影响环境资源法实施的障碍研究》,载《现代法学》2007年第2期。

112. 唐晓晴、鲍衍亨、马哲:《法人是怎样练成的》,载《澳门法学》2018年第3期。

113. 周黎安:《行政发包制》,载《社会》2014年第6期。

114. 周飞舟:《分税制十年:制度及其影响》,载《中国社会科学》2006年第6期。

115. 周雪光、练宏:《中国政府的治理模式:一个"控制权"理论》,载《社会学研究》2012年第5期。

116. 周雪光:《行政发包制与帝国逻辑 周黎安〈行政发包制〉读后感》,载《社会》2014年第6期。

117. 周雪光:《权威体制与有效治理:当代中国国家治理的制度逻辑》,载《开放时代》2011年第10期。

118. 周雪光:《基层政府间的"共谋现象"——一个政府行为的制度逻辑》,载《社会学研究》2008年第6期。

119. 周雪光:《国家治理规模及其负荷成本的思考》,载《吉林大学社会科学学报》2013年第1期。

120. 周雪光、练宏：《政府内部上下级部门间谈判的一个分析模型——以环境政策实施为例》，载《中国社会科学》2011 年第 5 期。

121. 周振超：《轴心辐射模式：一个制度性分权长期难以推行的解释框架》，载《理论探讨》2008 年第 1 期。

122. 吴良健：《地方分权与预算自主——论分税制下的地方预算自主权及其宪政意涵》，载姜明安主编：《行政法论丛》第 18 卷，法律出版社 2016 年版。

123. 吕友臣：《"行政主体理论"评析》，载《研究生法学》1998 年第 2 期。

124. 叶必丰：《论地方事务》，载《行政法学研究》2018 年第 1 期。

125. 史全增：《论我国地方政府在食品安全监管中的责任》，载《财经法学》2017 年第 5 期。

126. 卢护锋：《行政自制理论的功能分析》，载《当代法学》2011 年第 3 期。

127. 刘文仕：《立足统一走向分权：法国地方分权制度的嬗变与前瞻》，载《东吴政治学报》2007 年第 2 期。

128. 刘小兵：《中央与地方关系的法律思考》，载《中国法学》1995 年第 2 期。

129. 冯舟：《论宪法第三条第四款——也读毛泽东〈论十大关系〉第五节》，载《政法论坛》2007 年第 5 期。

130. 关保英：《论行政权的自我控制》，载《华东师范大学学报（哲学社会科学版）》2003 年第 1 期。

131. 关保英：《地方政府组织法的修改应从转变法治观念入

手》,载《法学》2017 年第 7 期。

132. 余凌云:《警察权的央地划分》,载《法学评论》2019 年第 4 期。

133. 余凌云:《警察权划分对条块体制的影响》,载《中国法律评论》2018 年第 3 期。

134. 余凌云:《行政主体理论之变革》,载《法学杂志》2010 年第 8 期。

135. 余凌云:《地方立法能力的适度释放——兼论"行政三法"的相关修改》,载《清华法学》2019 年第 2 期。

136. 何艳玲:《中国土地执法摇摆现象及其解释》,载《法学研究》2013 年第 6 期。

137. 于立深:《现代行政法的行政自制理论——以内部行政法为视角》,载《当代法学》2009 年第 6 期。

138. 尹婷:《作为行政自制手段的区域限批:性质判断与司法控制》,载《行政法学研究》2019 年第 3 期。

139. 上官莉娜、刘瑞龙:《整体治理视域中的法国新一轮大区改革》,载《法国研究》2015 年第 3 期。

140. 丁轶:《等级体制下的契约化治理重新认识中国宪法中的"两个积极性"》,载《中外法学》2017 年第 4 期。

141. 丁轶:《承包型法治:理解"地方法治"的新视角》,载《法学家》2018 年第 1 期。

142. [美] Isaac Cheng:《美国环境执法:一个实践者的角度》,载《法律适用》2014 年第 4 期。

143. [法] 让-贝尔纳·奥比:《地方分权与法律多元主义》,吴良健译,载舒国滢主编:《法理——法哲学、法学方法论与人工智能》总第 4 卷，商务印书馆 2018 年版。

144. ［法］让-玛丽·蓬蒂埃：《法国行政分权视阈中的地方公共团体研究》，施思璐译，载《天津行政学院学报》2014 年第 1 期。

中文图书

1. 陈硕：《中国央地关系：历史、演进及未来》，复旦大学出版社 2019 年版。

2. 黄韬：《中央与地方事权分配机制：历史、现状及法治化路径》，格致出版社、上海人民出版社 2015 年版。

3. 黄锦堂：《行政组织法论》，台北，翰芦图书出版有限公司 2005 年版。

4. 钟赓言：《钟赓言行政法讲义》，法律出版社 2015 年版。

5. 郑永年：《中国的"行为联邦制"：中央—地方关系的变革与动力》，邱道隆译，东方出版社 2013 年版。

6. 赵永茂：《中央与地方权限划分的理论与实际：兼论台湾地方政府的变革方向》，台北，翰芦图书出版有限公司 1997 年版。

7. 许崇德主编：《中国宪法》，中国人民大学出版社 1989 年版。

8. 许崇德：《中华人民共和国宪法史》，福建人民出版社 2005 年版。

9. 许宗力：《宪法与法治国行政》，台北，元照出版有限公司 1999 年版。

10. 薛刚凌：《行政法治道路探寻》，中国法制出版社 2006 年版。

11. 薄贵利：《集权分权与国家兴衰》，经济科学出版社 2001 年版。

12. 蔡茂寅：《地方自治之理论与地方制度法》，台北，学林文化事业有限公司 2003 年版。

13. 蔡定剑：《宪法精解》，法律出版社 2006 年版。

14. 蒋学跃：《法人制度法理研究》，法律出版社 2007 年版。

15. 胡锦光、韩大元：《中国宪法》，法律出版社 2018 年版。

16. 翁岳生编：《行政法》，中国法制出版社 2009 年版。

17. 石佑启、陈咏梅：《法治视野下行政权力合理配置研究》，人民出版社 2016 年版。

18. 瞿同祖：《清代地方政府》，范忠信、晏锋译，法律出版社 2003 年版。

19. 王连昌主编：《行政法学》，中国政法大学出版社 1992 年版。

20. 王绍光：《分权的底限》，中国计划出版社 1997 年版。

21. 王春梅：《苏联法对中国民事主体制度之影响》，法律出版社 2017 年版。

22. 王振民：《中央与特别行政区关系：一种法治结构的解析》，清华大学出版社 2002 年版。

23. 王建学：《作为基本权利的地方自治》，厦门大学出版社 2010 年版。

24. 王名扬：《王名扬全集：英国行政法、比较行政法》，北京大学出版社 2016 年版。

25. 王名扬：《王名扬全集：美国行政法》（上），北京大学出版社 2016 年版。

26. 王名扬：《法国行政法》，北京大学出版社 2007 年版。

27. 熊文钊主编：《大国地方——中央与地方关系法治化研

究》，中国政法大学出版社 2012 年版。

28. 浦善新等：《中国行政区划概论》，知识出版社 1995 年版。

29. 江荣海、刘奇等：《行署管理》，中国广播电视出版社 1995 年版。

30. 江平主编：《法人制度论》，中国政法大学出版社 1994 年版。

31. 楼继伟：《中国政府间财政关系再思考》，中国财政经济出版社 2013 年版。

32. 杨向东：《建国初期（1949—1954 年）行政组织法认识史》，山东人民出版社 2013 年版。

33. 俞祺：《央地关系中的立法》，北京大学出版社 2023 年版。

34. 李洪雷：《行政法释义学：行政法学理的更新》，中国人民大学出版社 2014 年版。

35. 李昕：《作为组织手段的公法人制度研究》，中国政法大学出版社 2009 年版。

36. 朱光磊：《当代中国政府过程》，天津人民出版社 2002 年版。

37. 景跃进、陈明明、肖滨主编：《当代中国政府与政治》，中国人民大学出版社 2016 年版。

38. 张金鑑：《行政学典范》，台北，三民书局 1979 年版。

39. 张尚鹫主编：《走出低谷的中国行政法学——中国行政法学综述与评价》，中国政法大学出版社 1991 年版。

40. 张千帆主编：《宪法学》（第 3 版），法律出版社 2014 年版。

41. 张千帆：《宪法学导论》，法律出版社 2004 年版。

42. 张千帆：《国家主权与地方自治——中央与地方关系的法治

化》，中国民主法制出版社 2012 年版。

43. 张力：《行政法的自治范式研究——借助美国地方治理框架的分析》，社会科学文献出版社 2015 年版。

44. 周黎安：《转型中的地方政府：官员激励与治理》，格致出版社、上海人民出版社 2008 年版。

45. 周飞舟、谭明智：《当代中国的中央地方关系》，中国社会科学出版社 2014 年版。

46. 周飞舟：《以利为利——财政关系与地方政府行为》，上海三联书店 2012 年版。

47. 周振超：《当代中国政府"条块关系"研究》，天津人民出版社 2009 年版。

48. 吴庚：《行政法之理论与实用》，中国人民大学出版社 2005 年版。

49. 叶俊荣：《环境政策与法律》，中国政法大学出版社 2003 年版。

50. 刘福元：《行政自制：探索政府自我控制的理论与实践》，法律出版社 2011 年版。

51. 刘志欣：《中央与地方行政权力配置研究——以建设项目环境影响评价审批权为例》，上海交通大学出版社 2014 年版。

52. 何勤华主编：《20 世纪西方宪政的发展及其变革》，法律出版社 2005 年版。

53. 《毛泽东选集》（第 1 卷），人民出版社 1991 年版。

54. ［葡］迪奥戈·弗雷塔斯·亚玛勒：《行政法教程》（第 1 卷），黄显辉、王西安译，法律出版社 2014 年版。

55. ［荷］勒内·J. G. H. 西尔登、弗里茨·斯特罗因克编：

《欧美比较行政法》，伏创宇等译，中国人民大学出版社2013年版。

56. ［荷］亨利·范·马尔赛文、格尔·范·德·唐：《成文宪法的比较研究》，陈云生译，华夏出版社1987年版。

57. ［英］韦农·波格丹诺：《新英国宪法》，李松锋译，法律出版社2014年版。

58. ［英］戴维·米勒等主编：《布莱克维尔政治学百科全书》，中国政法大学出版社2002年版。

59. ［英］惠尔：《联邦政府》，傅曾仁等译，商务印书馆（香港）公司1991年版。

60. ［美］詹姆斯·Q. 威尔逊：《美国官僚体制——政府机构的行为及其动因》，李国庆译，社会科学文献出版社·甲骨文工作室2019年版。

61. ［美］罗伯特·达尔：《论民主》，李柏光、林猛译，商务印书馆1999年版。

62. ［美］理查德·B. 斯图尔特：《美国行政法的重构》，沈岿译，商务印书馆2011年版。

63. ［美］杰克·M. 巴尔金：《活的原旨主义》，刘连泰、刘玉姿译，厦门大学出版社2015年版。

64. ［美］李侃如：《治理中国：从革命到改革》，胡国成、赵梅译，中国社会科学出版社2010年版。

65. ［美］彼得·布劳、马歇尔·梅耶：《现代社会中的科层制》，马戎、时宪民、邱泽奇译，学林出版社2001年版。

66. ［美］弗兰克·J. 古德诺：《政治与行政：一个对政府的研究》，王元译，复旦大学出版社2011年版。

67. ［美］W. 理查德·斯科特：《制度与组织——思想观念与

物质利益》，姚伟、王黎芳译，中国人民大学出版社 2010 年版。

68. [瑞士] J. 布莱泽编：《地方分权：比较的视角》，肖艳辉、袁朝晖译，中国方正出版社 2009 年版。

69. [法] 米歇尔·克罗齐埃：《科层现象》，刘汉全译，上海人民出版社 2002 年版。

70. [法] 托克维尔：《论美国的民主》（上卷），董果良译，商务印书馆 1997 年版。

71. [日] 阿部照哉、池田政章、初宿正典、户松秀典编著：《宪法——总论篇、统治机构篇》，周宗宪译，中国政法大学出版社 2006 年版。

72. [日] 西尾胜：《日本地方分权改革》，张青松、刁榴译，社会科学文献出版社 2013 年版。

73. [日] 芦部信喜：《宪法》，林来梵等译，清华大学出版社 2018 年版。

74. [日] 盐野宏：《行政组织法》，杨建顺译，北京大学出版社 2008 年版。

75. [日] 市桥克哉等：《日本现行行政法》，田林等译，法律出版社 2017 年版。

76. [日] 宫泽俊义：《日本国宪法精解》，董璠舆译，中国民主法制出版社 1990 年版。

77. [日] 南博方：《行政法》（第 6 版），杨建顺译，中国人民大学出版社 2009 年版。

78. [日] 佐藤庆幸：《官僚制社会学》，朴玉等译，生活·读书·新知三联书店 2009 年版。

79. [日] 室井力主编：《日本现代行政法》，吴微译，中国政法大学出版社 1995 年版。

80. ［意］彼德罗·彭梵得：《罗马法教科书》，黄风译，中国政法大学出版社 2005 年版。

81. ［德］马克斯·韦伯：《法律社会学》，康乐、简惠美译，广西师范大学出版社 2005 年版。

82. ［德］米歇尔·施托莱斯：《德国公法史：国家法学说和行政学（1800-1914）》，雷勇译，法律出版社 2007 年版。

83. ［德］特伦斯·丹提斯、阿兰·佩兹：《宪制中的行政机关——结构、自治与内部控制》，刘刚等译，高等教育出版社 2006 年版。

84. ［德］赫尔穆特·沃尔曼：《德国地方政府》，陈伟、段德敏译，北京大学出版社 2005 年版。

85. ［德］沃尔夫冈·鲁茨欧：《德国政府与政治》，熊炜、王健译，北京大学出版社 2010 年版。

86. ［德］汉斯·J. 沃尔夫等：《行政法》（第 2 卷），高家伟译，商务印书馆 2002 年版。

87. ［德］格奥尔格·耶利内克：《宪法修改与宪法变迁论》，柳建龙译，法律出版社 2012 年版。

88. ［德］格奥格·耶利内克：《主观公法权利体系》，曾韬、赵天书译，中国政法大学出版社 2012 年版。

89. ［德］柯武刚、史漫飞：《制度经济学：社会秩序与公共政策》，韩朝华译，商务印书馆 2008 年版。

90. ［德］施密特·阿斯曼：《秩序理念下的行政法体系建构》，林明锵等译，北京大学出版社 2012 年版。

91. ［德］托马斯·海贝勒等主编：《中国与德国的环境治理：

比较的视角》，杨惠颖等译，中央编译出版社 2012 年版。

92. [德] 康拉德·黑塞：《联邦德国宪法纲要》，李辉译，商务印书馆 2007 年版。

93. [德] 哈特穆特·毛雷尔：《行政法学总论》，高家伟译，法律出版社 2000 年版。

94. [德] 卢曼：《社会的法律》，郑伊倩译，人民出版社 2009 年版。

95. [德] 伯阳：《德国公法导论》，北京大学出版社 2008 年版。

96. [加拿大] 乔治·安德森：《联邦制导论》，田飞龙译，中国法制出版社 2009 年版。

97. [俄] E. A. 苏哈诺夫主编：《俄罗斯民法》（第 1 册），黄道秀译，中国政法大学出版社 2011 年版。

外文论文

1. Baier, V. E., March, J. G. & Saetren, H., *Implementation and Ambiguity*, Scandinavian Journal of Management Studies, 2 (3-4), 197-212.

2. Bulman-Pozen, J., *Executive Federalism Comes to America*, 102 Va. L. Rev, 953, 994-1001.

3. Galle, B. & Seidenfeld, M., *Administrative Law's Federalism: Preemption, Delegation, and Agencies at the Edge of Federal Power*. Duke LJ, 57, 1933.

4. Chung, J. H., *Studies of Central-Provincial Relations in the People's Republic of China: A Mid-term Appraisal*, The China Quarterly, 142 (142), 487-508.

5. Crotty, P. M., *The New Federalism Game: Primacy Implementation of Environmental Policy*, Publius, 17 (2), 53-67.

6. Davidson, N. M., *Localist Administrative Law*, Yale LJ, 126, 564.

7. Elazar, D. J., *Contrasting Unitary and Federal Systems*, International Political Science Review / Revue Internationale De Science Politique, 18 (3), 237-251.

8. Hart, O., Shleifer, A. & Vishny, R. W., *The Proper Scope of Government: Theory and an Application to Prisons*, The Quarterly Journal of Economics, 112 (4), 1127-1161.

9. Hills Jr, R. M., *The Political Economy of Cooperative Federalism: Why State Autonomy Makes Sense and Dual Sovereignty Doesn't*, Mich. L. Rev. 96, 813.

10. Kramer, L., *Understanding Federalism*, Vand. L. Rev., 47, 1485.

11. Matland, R. E., *Synthesizing the Implementation literature: The Ambiguity-Conflict Model of Policy Implementation*, Journal of Public Administration Research and Theory, 5 (2), 145-174.

12. Merkl, P. H., *Executive-legislative Federalism in West Germany*, American Political Science Review, 53 (3), 732-741.

13. Rodríguez, C. M., *The Significance of the Local in Immigration Regulation*, Mich. L. Rev., 106, 567.

14. Seifter, M., *States, Agencies, and Legitimacy*, Vand. L. Rev., 67, 443.

15. Stewart, R. B., *Pyramids of Sacrifice-Problems of Federalism*

in *Mandating State Implementations of National Environmental Policy*, Yale Lj, 86, 1196.

16. Jeannette L. Austin, *The Rise of Citizen-Suit Enforcement in Environmental Law: Reconciling Private and Public Attorneys General*, Northwestern University Law Review, 81, 220-993.

17. Rubenstein, D. S., *Administrative Federalism as Separation of Powers*, Wash. & Lee L. Rev., 72, 171.

18. Seifter, M., *States, Agencies, and Legitimacy*, Vand. L. Rev., 67, 443.

19. Mendelson, N. A., *Chevron and Preemption*, Mich. L. Rev., 102, 737.

20. Keller, S. A., *How Courts Can Protect State Autonomy from Federal Administrative Encroachment*, S. Cal. L. Rev., 45.

21. Hills Jr, R. M., *The Political Economy of Cooperative Federalism: Why State Autonomy Makes Sense and Dual Sovereignty Doesn't*, Mich. L. Rev., 96, 813.

22. Kincaid, J., *From Cooperative to Coercive Federalism*, The Annals of the American Academy of Political and Social Science, 509 (1), 139-152.

23. Dardanelli, P., Kincaid, J., Fenna, A., Kaiser, A., Lecours, A. & Singh, A. K., *Conceptualizing, Measuring, and Theorizing Dynamic De/Centralization in Federations*, Publius: The Journal of Federalism, 49 (1), 1-29.

外文图书

1. Stevenson, S. M., *Understanding Local Government*, 2nd edi-

tion, Newark, NJ: LexisNexis, 2009, p. 1.

2. J M. Balkin, *Living Originalism*, Harvard University Press.

3. Dworkin R., *Taking Rights Seriously*, Harvard University Press, 1978.

4. Heidenheimer, A. J. & Kommers, D. P., *The Governments of Germany*, Crowell, 1975.

5. Gunlicks, A., *The Länder and German Federalism*, Manchester University Press, 2003.

6. Nugent, J. D., *Safeguarding Federalism: How States Protect Their Interests in National Policymaking*, University of Oklahoma Press, 2012.

7. Seifter, M., *States as Interest Groups in the Administrative Process*, Virginia Law Review, 953–1025.

8. Heidenheimer, A. J. & Kommers, D. P., *The Governments of Germany*, Crowell, 1975.

9. Gunlicks, A., *The Länder and German Federalism*, Manchester University Press, 2003.

10. Pressman, J. & Wildavsky, A., *How Great Expectations in Washington are Dashed in Oakland, or why it's amazing that Federal Programs Work at all*, Berkeley, CA: University of California, 1973.

11. Mazmanian, D. A. & Sabatier, P. A., *Implementation and Public Policy*, Scott Foresman, 1983.

12. Berman, P., *Designing Implementation to Match Policy Situation: A Contingency Analysis of Programmed and Adaptive Implementation*, Rand, 1978.

13. Chung, J. H., *Centrifugal Empire: Central - Local Relations in China*, Columbia University Press.

14. Alesina, A. & Spolaore, E., *The Size of Nations*, Mit Press, 2005.

15. Landry, P. F., *Decentralized Authoritarianism in China*, Cambridge University Press, 2008.

16. Johnson, N., *Government in the Federal Republic of Germany: The Executive at Work*, Elsevier, 2013.

17. Lieberthal, K. G. & Lampton, D. M. eds., *Bureaucracy, Politics, and Decision Making in post-Mao China* (Vol. 14), University of California Press, 2018.

后　记

本书是在我的博士论文基础上修改而成的，缘起于对环境行政的兴趣。2013年，我考取北京大学法学院宪法与行政法学专业的研究生，来到北京，开始了7年的法学院生活。从2013到2020年，这期间也正经历了北京雾霾甚为严重的阶段以及随之而来的"蓝天保卫战"。"雾霾天气范围扩大，环境污染矛盾突出"写入了2014年《政府工作报告》，环境问题成为全社会关注的热点。在"望得见山，看得见水，记得住乡愁"的期待下，环境治理被寄予前所未有的重要意义，也汇聚了各个学科的研究。其中，环境执法作为连接国家治理与公民环境权的关键环节自然也成为了理想与现实、理论与实践、"纸面上的法"与"行动中的法"交汇的焦点所在。而环境执法牵涉多个层级、众多主体，其中最为关键的莫过于中央与地方在权力配置上的博弈与协同，政策目标的设定、执法资源的分配、责任的落实与问责机制的构建无不深嵌于这一结构性关系之中。

与其应有的重要性形成鲜明反差，这一话题在法学研究中并未引起足够关注，甚至从未成为研究热点，相较于环境权的理论建构、环境立法模式选择、具体机制的规范化讨论，中央与地方行政权力配置这一议题往往被视为政治学、行政学的研究范畴，在法学研究中缺乏系统性的理论回应与规范分析。带着这种疑惑梳理中央与地方在行政权力上的配置模式和逻辑，重新检视相关的法理基础和现实张力，成为本书研究的出发点。正如书中所叙述的，在宪法层面有关中央与地方关系的讨论中立法权与财政权历来处于核心，行政权被视为从属；而在行政法传统的"行政行为—司法审查"的框架下，行政组织法这一关涉权力结构与运行机制的基础性领域也一直显得相对边缘。这使得中央与地方在行政权力上的配置，既不是一个纯粹的宪法学问题，也不完全属于传统意义上的行政法学研究，但正是这种边界模糊、交叉融合的特征，体现了复杂公法问题通常具备的特点——往往要兼顾价值原则与制度实践，必须在宪法与行政法的双重视域中予以回应。

选定这一研究主题之后，我持续跟踪相关制度变迁与学术进展，并进行了尽可能系统的资料搜集与文献梳理，但关注的越多越感觉棘手。相关制度结构之复杂、现实运作之多变以及理论分析之困难，并非在图书馆中埋首文献便可完全理解，更难以凭借抽象推演加以解决，不仅需要对制度实践进行长期观察，也需要跨越规范与经验之间的知识壁垒。直到论文完成之际，我才意识到这或许并不是一个"适合"撰写学位论文的选题，对该议题研究的相对薄弱也并非偶然，研究难度与现实复杂性构成了天然的障碍。正因如此，本书在材料收集、研究方法与研究内容上都有着很大的局限性。然而，虽为管窥之见，仍怀"野人献曝"之心，希望通过本书的初步探索，能够为中央与地方行政权力配置这一复杂而关键的议题提供一个观察视角，哪怕略有启发，也不枉一番尝试。